龍の世界

池上正治

講談社学術文庫

目次

龍の世界

一　龍は、どう考えられていたか

あの孔子が、老子を龍にたとえた

孔子が老子のことを「龍のような人間だ」と賛嘆している。それは二人が相まみえた後の、孔子の印象である。孔子はまた、「魚なら、泳いでいるところを見れば、魚だと分かる。鳥なら、飛んでいるところを見れば、鳥と知れる。ただ龍だけは、泳ぐことができるのに魚ではなく、飛ぶこともできるが鳥ではない。まったくエタイが知れない」とも語っている。

このエピソードは、四世紀の道士・葛洪の『神仙伝』による。漢代の司馬遷の『史記』の、老子についてのくだりにもある。いまの一部の学者は、孔子と老子が同時代の人間であることを疑っている。さらには、老子の実在そのものを疑う学者もあるが、ここでは、老荘の立場から老子を深く理解した『神仙伝』に従っておこう。

孔子と老子とは、きわめて対照的な思想家である。いまから二千数百年前、戦国の時代に生きたこの二人の哲人は、好一対の考えの持ち主である。

孔子は、魯（山東省）の人である。道徳的な行いを実践して、仁を完成させよう、と呼びかけた。自己を律して（修身）、家庭を整え（斉家）、国を治めれば（治国）、天下は平和になる（平天下）、というのが孔子の儒教の理論である。

孔子のそうした主張は、彼の生前には、各国の支配者から受け入れられなかった。無視されつづけたのである。こうした現実に失望し、晩年の孔子は、教育に心血をそそいだ。門弟の数は三千ともいわれた。主だった弟子たちとの対話集が、不滅の名著『論語』である。

一方、楚（湖北省を中心とした、長江中流の広い地域）の老子は、孔子のいう努力は、必要のない浅知恵だという。人為的な営みを排して、天の定めるままに、自然に生きることを主張する。無為自然こそが、老子の思想である。孔子のいう「孝」は家の中が、「忠」は上下の関係が、それぞれ乱れていることの証拠にすぎない、と老子は難詰する。

孔子と老子が相まみえた時の情景（漢代の画像石）

老子は、ムダな努力を否定する立場にあり、人に教えることはしなかった。西へ旅をする途中、函谷関（河南省）の役人にせがまれて、数日間そこに留まった。その折、かねてからの考えを一冊の本にまとめたのが、古今の名著『老子』である。わずか五千字の本であるが、そこには彼の深い思索が凝縮されている。

孔子は、きわめて実直な、いかにも教育者らしい人物だったと思われる。自分の目と耳だけを信じて、それ以外の「怪力乱神」を語らず、とした。愛弟子の顔回(がんかい)が死ねば、悲しみのあまり、食事ものどを通らないほどだった。その孔子にして、

「龍を潜ませ、用いる勿(なか)れ」
「田にて龍を見る」
「秋、龍を絳郊(こうこう)に見る」

と龍の存在を認めている。いずれも『周易(しゅうえき)』や『左伝』からの引用である。それらは哲学や占い、歴史に関する書物である。孔子が田んぼや郊外で見た龍とは、思うに、自然現象ではなかろうか。例えば、竜巻のような……。龍の実態については、現在の中国でも、ヘビ説、ワニ説、空想説など色いろあり、まさに諸説紛々である。

本書では、各方面から、龍の実像に迫ろうと思う。それにしても、孔子が、思想界の最強のライバルである老子を、龍になぞらえたのは、やはりその実力に敬意を表したからであろうか。

憂国の詩人・屈原の作品にみる龍

紀元前四世紀、中国の戦国時代のことである。北方では、秦(しん)の国（いまの陝西(せんせい)省の一帯）が実力をたくわえていた。南方の雄は、何といっても、現在の湖北省一帯に勢力をもつ楚(そ)の

国である。楚の王族に生まれた屈原は、博学の政治家であり、憂国の詩人である。

楚の宮中では、北方の秦への対処をめぐり、意見が分かれていた。屈原はつとに、秦の将来的な脅威を感じていた。彼は主戦論を展開した。だが、秦はいかにも強国である。それを相手に戦うことは困難であるとして、恐れをなす者もいた。そうした表面的な和平論者により、屈原は讒言され、陥れられてしまった。彼は流浪の身となったのである。

詩人としての屈原の作品には、楚の国運を心配し、憂国の情を吐露したものが多い。ここでは、そうした詩のなかの「龍」に注目してみたい。

屈原を祭る屈子廟（湖南省・汨羅）

「余が為に飛龍を駕す」
「蛟龍を麾き、津の梁とさせる」

いずれも長編の詩「離騒」の一節である。この「離騒」は自伝詩ともいうべき作品である。自らの出生と家系、豊かな徳性と才能、王政を輔ける情熱、讒言による失脚と流浪、濁世に処する清高な志、神仙世界への遍遊などを内容としている。

「私のために、龍を車につける」

ことを屈原は要求する。彼は玉の佩を腰

にぶら下げ、芳しい植物を身につけている。詩人の魂は、仙界へと飛遊しようとしている。美しい玉や象牙で飾った車を引くのが、ほかならぬ龍なのである。

「蛟龍を呼びよせ、渡し場の橋になってもらう」

と詠じる屈原。蛟(みずち)は、もっぱら水の中にいる龍で、角はあるが、空を飛ぶことはないという。その蛟の背を橋として、西の天のかなたの神仙に逢いにいくのである。さらに、

「龍駕して、帝服する」

「飛龍に駕して、北に征(い)く」

「飛龍は翩翩(へんぺん)たり」

などの句がある。いずれも、屈原の詩「九歌」からの引用である。

「九歌」は本来、楚の民間につたわる祭祀(さいし)の歌である。それを流浪の身の屈原が耳にし、詩にしたものである。天帝の服を着て、龍に引かせた車や舟にのり、各地を遊歴する屈原は、詩のなかの人物である。

それは、現実には不本意ながら、流浪の身となった本人の「夢」であったのだろう。

屈原のこれらの詩をまとめて『楚辞』と呼ぶことがある。憂国の詩人の屈原が、汨羅(べきら)の淵に身を投げたのは、紀元前二七七年のころとされる。一身を犠牲にして、楚の朝野の愛国心を喚起しようとしたのだった。

楚の人民は屈原の死を心から悼み、魚が彼をつついて食べないようにと、チマキ（粽）を

水中に投じたという。また屈原を記念して、小舟を競うようになったのがペーロン（白龍）である。それについては、第六章で触れる。チマキづくりも、ペーロンも、五月五日の端午(たんご)の節句に無くてはならないものだ。しかもそれは、つとに日本の民間行事ともなっている。

龍顔を拝することの恐怖と光栄と

「龍顔を拝する」といえば、皇帝の接見を受けることである。龍の形象は、新石器時代の玉(ぎょく)の彫り物にあり、二千年前の漢代にほぼ形を整える。それはやがて支配者の独占するものとなり、皇帝の顔を「龍顔」と表現したのである。

龍と、王者や皇帝など支配者の関係は、おいおい述べていくが、龍が王権と結びついていく過程は、人間の心理をみごとに反映している。それは一面では、支配する側の都合である。あえて別の一面を指摘すれば、次項で触れる漢の創始者・劉邦(りゅうほう)のケースがそうであるように、支配される側の期待感をも反映している。

いずれにせよ龍は、支配者に専有されるようになると、その分だけ人民から遠ざかることになる。例えば、龍顔は天子の顔、龍光は天子の徳、龍船や龍車は天子の乗り物、龍種は天子の子孫……である。龍はこのように、天子の専用するところとなった。

中国の皇帝は天子であり、その権力は天から授けられたものである。したがって人民に対しては、あらゆることが如意なのである。この生殺与奪の大権をもった皇帝に、臣下が拝謁

渤海をのぞむ始皇帝の巨大な像（河北省・秦皇島）

することは、ある意味では恐怖だったろう。

例えば、秦の始皇帝である。数百年におよぶ戦国の世を、紀元前二二一年、秦は統一したのだった。乱世に終止符をうち、三十六の郡からなる中央集権の国家とした。ヒトとして最初の皇帝（始皇帝）の偉業は、それこそ数えきれない。万里の長城や自らの陵墓の修築は、空前の土木事業である。度量衡の統一は効果的な経済措置であり、文字の統一は歴史的な文化施策である。そして、焚書坑儒があった。これは類例をみない知識人の大弾圧である。

中国でも、日本でも、始皇帝ブームの昨今である。西安の東郊外では、第一号の兵馬俑坑につづき、第二号、第三号が公開された。日本では、始皇帝展が大にぎわいで、百万人を上回る記録的な入場者数だったという（一九九四年、世田谷美術館）。また、始皇帝と彼を支えた武将を主人公にした漫画『キングダム』は累計発行部数が九千九百万部を超え（二〇二三年七月時点)、アニメ化や実写映画化されたものも大ヒットするなど、始皇帝を取りあげた作品は今も相ついで発表されている。彼を肯定的に描くにしろ、否定的に描くにしろ、その「龍顔」はやはり恐ろしげな形相となっている。

その反面、龍顔を拝することは、臣下にとって、この上ない光栄であり、栄達のチャンスでもある。詩仙といわれた李白(りはく)は、四十二、三歳の頃、唐の都の長安にいた。しかも彼は、宮廷への出入りを許された身分だった。楊貴妃(ようきひ)とのラブ・ロマンスで有名な玄宗(げんそう)皇帝は、李白をたびたび謁見した。

「龍顔を拝し、聖寿を献じる」

これは李白の作品「上雲楽」の一節である。皇帝にお目どおりの折に、永遠のご長寿をお祈りした、というほどの意味である。

「李白一斗、詩百篇(ひゃっぺん)」といわれた李白である。大酒を飲むほどに、限りない詩をものしたという伝説の人である。時には、宮中からの呼びだしがあっても、「二日酔い」を口実に、それに応じなかった詩仙である。その李白にして、実際の龍顔を目の前にすれば、やはりかしこまり、「拝し、聖寿を献じ」ていたのである。

かくして、龍と皇帝とが合体した

龍は一般的に、想像上の生き物とされる。その空想の根拠となった動物として、ヘビやワニが有力視されている。また中国には、龍の「実在説」を唱える者もいる。いずれにせよ龍は、強大なパワーを持つと信じられ、やがて支配ないし支配者のシンボルとなっていく。

ただ、龍と支配（者）の結びつき方が、自然に感じられる場合と、いかにも強引だと思われる場合がある。漢（前漢）を創始した劉邦の場合は、かなり複雑なケースといえる。

その劉邦がかつて、人夫をしていた頃のことである。全中国を統一した秦の始皇帝が、例によって巡幸で、大勢の従者をつれ、車にのってやってきた。それを見た劉邦が、

「ああ、男子たるもの、あのようでありたい！」

と嘆息したという。劉邦は農民の出身である。しかも、野良での仕事をきらい、遊侠の徒と交わっていた。そんなせいぜい小役人をした程度の男が、いつか皇帝の位につこうなどとは、本人以外の誰が考えただろうか。

しかし、歴史の歯車は確実に回りはじめていた。急進主義にはやりすぎた秦の王朝は、わずか十五年という短命で、その幕を閉じたのだった。各地でいっせいに兵乱が生じた。劉邦にとっても、まさに千載一遇のチャンスだった。わずか十人の手勢から出発した劉邦は、やがて南方の雄国、楚の名門の項羽と合流し、ついには始皇帝亡き後の秦を滅ぼしたのである。

しかも垓下（安徽省）では、その項羽の軍勢をうち破り、とうとう天下を平らげたのだった。漢朝をうち建てた劉邦は、「まえの轍を踏まない」ように漸進主義をとり、秦の郡県制と周以来の封建制の中間にあたる、郡国制度を採用した。

こうして漢朝の四百年の基礎は築かれた。だが、問題は高祖（劉邦）の出身がやはり見劣りすることだ。項羽は楚の名門だったし、政（始皇帝）は秦の王族だった。それに比べて劉邦（高祖）は……となるのは、仕方のないことである。

こうした朝野の要望にこたえたのが、「龍の威力」だった。

「（劉邦は）父を太公といい、母を劉媼といった。かつて劉媼は大きな沢の堤で休息をして、眠ってしまった。彼女は夢のなかで龍と遇ったという。この時、雷が鳴りひびき、稲妻が光り、あたりは真っ暗になった。太公が行ってみると、蛟龍が彼女の上にいるではないか。劉媼はやがて懐妊し、高祖が生まれた……」

漢朝を創始した劉邦（明代『三才図会』）

引用がすこし長くなったが、司馬遷の『史記』「高祖本紀」からである。中国の伝説では、英雄たちの「父」がいないことが少なくない。例えば、炎帝（神農）は母親の女登が「神龍」に感じて生まれた。黄帝は母親の附宝が北斗を感じて生まれた……と。

だがそれは、神話時代のことである。劉邦はいまから約二千二百年の昔とはいえ、実在した人物である。司馬遷は「墨を金のように惜しみ」、その『史記』を著したという。彼の著作はきわめて正確なことで知られる。その司馬遷にして、劉邦の出生に関しては、漢朝の史官であったが故に、こうした意図的な表現をしたのであろうか。

劉邦には、「気」をめぐる話がある。秦の始皇帝により、全中国が統一されたのが、前二二一年である。その始皇帝にして、在野の「気」は気がかりだった。占いによれば、

「東南に天子の『気』がある」

という。それは無視できない情報で、始皇帝はさっそく軍隊を派遣した。じつはその方向にいたのが、劉邦である。強力な秦軍がくると知った劉邦は、山奥ふかく身を隠した。

「彼（劉邦）の上には、雲気がある」

と言ったのは、やがて漢の高祖となった劉邦の皇后となる呂后（りょこう）である。短命に終わった秦の後、天下をめぐる争奪戦の主人公は、すでに述べたように劉邦と項羽である。

「（劉邦の気は）龍や虎となり、五彩をなす」「天子の気である」

と占ったのは、項羽の部下だった。項羽や始皇帝と異なり、劉邦は庶民の出身である。だが彼は、こうした不可思議な「気」をもち、皇帝のシンボルである龍とともにあった人物のようだ。

龍袍を着た者が、天子となった

「龍袍（りゅうほう）」とは、皇帝一族の専用の着物である。袍とは、綿いれの上着のことだ。臣下が朝廷に出仕する場合には、袍を着て、手には笏（しゃく）をもつことが常軌だった。

皇帝のための龍袍は、当然のことながら、特製中の特製である。龍がそのデザインの主体であることは、いつの時代も同じである。杭州（こうしゅう）のシルク博物館には、清朝の皇帝や皇后の龍袍が飾られている。その素材の贅沢（ぜいたく）さや、龍の刺繡（ししゅう）の精緻（せいち）さに、見学者は足をとめてしまうだろう。

龍袍の色は、黄色を基調としていることから、黄袍（こうほう）とよばれることがある。この黄袍（龍袍）は、龍車や龍船と同じように、支配者たちの専有するものだった。

ところが中国の歴史のなかには、ひょんなことから、黄袍を着せられ、ほんとうに皇帝になってしまった者がいる。それは十世紀にあった実話である。

唐朝の朝廷では、内乱や外敵をおさえるために、トルコ系やチベット系の外部民族の軍事力をかりたことがある。皮肉なことに、それは唐の弱体化を早めただけだった。玄宗（げんそう）の世のことである。唐朝の節度使の安禄山（あんろくざん）は、青い目をしたソグド系だった。

そうした情況で、唐の宰相となったのは楊国忠（ようこくちゅう）だった。彼は、玄宗の寵愛（ちょうあい）をうける楊貴妃（ようきひ）の遠い血縁にあたる。これに立腹した安禄山は、政変をチャンス到来とばかり挙兵し、長安は戦乱の巷（ちまた）と化した。唐の衛兵たちが、楊貴妃に死をせまったのは、長安の西十キロほどの馬嵬（ばかい）でのことだった。

龍袍を着た宋の趙匡胤（『中国歴代皇祖』）

やがて唐朝が滅亡し（九〇七年）、宋が建国（北宋、九六〇年）するまでの半世紀間に、五つの王朝がめまぐるしい交替を繰りかえした。そのうちの三つまでは、トルコ系の将軍が帝位についたものだった。五代十国の時代のことである。

五代の最後の王朝となったのは後周である。都は汴京（開封）にあり、二代目の世宗は名君として知られた。ただ問題は、その世宗が死んだ時点で、幼帝がわずか七歳だったことだ。折しも、北方ではモンゴル系の契丹が、南進の機会をうかがっていた。

この後周に代々つかえた軍人のなかに趙匡胤がいた。軍営のなかで生まれ、軍営のなかで育ったという、バリバリの軍人だった。彼の性格は豪放かつ磊落で、酒もよく飲み、部下たちからの信望には厚いものがあった。

唐の滅亡このかた、帝室の弱体化は目にみえていた。帝を殺して、自分が新しい帝になった臣下も珍しくない。臣下が帝を選ぶことのできた時代でもあった。後周の軍営の内部には、幼帝をめぐる風聞が飛びかい、暗闘があったようだ。趙匡胤はその晩も、都から一日ほどいった軍営で酒をくらっていた。一帯には数万の軍勢が駐屯している。その指導者たちが白刃（しらは）を手に手に、彼の宿場におしかけ、

「諸軍に主なし、願わくは大尉（趙匡胤のこと）を策して、天子となさん」

と迫ったのである。酔眼朦朧（もうろう）とした彼は返事もできなかった。誰かがいつの間にか、黄袍を趙匡胤に着せてしまい、軍衆は、「万歳（ワンソエ）！」と叫んだ。中国の「万歳」は、皇帝にたいしてのみ発せられる言葉である。これが宋の初代皇帝の太祖（たいそ）の誕生劇である。太祖は文治主義をとり、宋代の学問や文化は大いに発展したのだった。

治水に成功した禹は、龍の一族か

中国の「歴史の年表」は、夏（か）（前二〇七〇？〜前一六〇〇？年）から始まる。ただ、一部の学者がそれに疑問をもっていることも、事実である。要するに、実証するだけの十分な史料がないからである。しかしそれは、夏という王朝の存在を否定することにはならない。

禹（う）の不思議な出生や、偉大な事跡に触れるまえに、その名前に注目したい。禹という字の古い形を見ると、「虫」と「九」から成りたっている。この虫は「ヘビ」のこととされ、九のほうは発音を示している。禹、すなわち大きく蛇行するムシ（ヘビ）というイメージは、古代の中国のトーテムと関連している。そのあたりのことは、もう少しあとで、やや詳しく触れることにしたい。

黄河のほとりにたつ禹の巨大な像（河南省・鄭州）

禹は夏王朝の始祖とされ、その父親は鯀である。この父と子は、中国の伝説では、堯と舜に仕えたことになっている。当時は、治水こそが政治上の最大の関心事だったのである。「水を治める者、天下を治める」という時代であった。

堯と舜のことを「二帝」という。その二帝の治世にあっても、中国大陸の河川は氾濫をくり返していた。帝の命を奉じた鯀は、日夜、治水の事業に没頭した。しかし、彼の心血の最後の一滴まで使いはたしても、治水に成功することはできなかった。

伝説では、この無念のうちに死んだ鯀の腹のなかから、禹が生まれたことになっている。しかも鯀の死体は、三年たっても腐らなかった。いぶかしく思った一族の者が、鯀の腹を切りひらくと、そこからは一匹の黄色い龍が現れたという。

こうした伝説は、禹の一族のトーテムを介して、読みかえが可能である。彼らは龍（大ヘビ）をトーテムとし、古代中国のなかでも、最も有力な一つの血族だったのである。その最高の指導者たちが、一般の人と異なる死や出生をもつことは、血族にとっての誇りだった。

鯀の息子の禹は一族の期待を裏切ることはなかった。彼は父にもまして奮励努力した。黄河をはじめとする治水に成功するまでは、たとえ自分の家の前を通りすぎても、家の中に入ろうとしなかったほどである。

禹歩という呪術的な歩き方がある。それは主として、中国固有の宗教である道教の系譜にある。一説では、治水のために足を悪くするほど苦労した禹の歩き方を模したものだという。かりに禹が、シャーマンの一面をもっていたとしても、それは不思議ではない。

やがて治水に成功した禹は、舜から帝の位をゆずられることになる。禅譲である。それは国家の権力を、血筋や武力によらず、その資格をもった者に渡すという、ある種の理想劇だった。これが夏王朝の誕生である。

中国のいたる所に、禹にちなんだ場所がある。大禹陵のある紹興（浙江省）や、黄河にそった龍門（陝西省と山西省の省境）、三門峡や鄭州（いずれも河南省）をはじめ、禹王廟や禹王台などの「遺跡」は、それこそ数えきれないだろう。それは龍をトーテムとした一つの血族が、大自然を相手にして果敢に闘争し、治水に成功して、やがて王権の座についたドラマの舞台の跡ともいえるだろう。

楽しい絵本の『百家姓』は苗字を解説する

龍という姓は舜の時代からあった

姓名といい、氏名というが、もともとは厳密な区別をもっている。まず姓（かばね）は、血筋すなわち家族を表している。氏は、家柄すなわち官職を表している。名は、その人だけの固有のよび方である。

日本人の姓は、武士の家などを別にすれば、十九世紀の後半、明治維新このかたのものである。

したがって日本の姓の大多数は、百年ちょっとの歴史をもつにすぎない。

中国では、三千年前の周の時代から、奴隷もすでに姓をもっていた。周の王室の姓は、姫（チー）である。同じ姓から出たものを同姓といい、同姓のあいだでは結婚しない習慣があった。血のちかい結婚の弊害をすでに知っていたからである。

その歴史と、その人口からして、中国の姓はものすごく多い……。こう考えられがちであるが、その答えはノーである。中国にはよくある姓が五百ちょっと、総計でも二千弱の姓しかない。日本の十数万という姓とは、比較にならないほど少ないのである。中国の姓をあつめた本に『百家姓』がある。もともと子供のための教材として編まれた冊子である。北宋（十世紀）のころに刊行されたといい、編者は不明である。四つの姓（漢字）を一句として、
　趙銭孫李（チャオ・チエン・スン・リー）、周呉鄭王（チョウ・ウー・チョン・ワン）……のように配列してある。中国語で読むと、ゴロがよく、耳に心地いい。子供たちにとって、覚えやすい工夫がなされているのである。

　教える人も、当然のこと、さらに物語をつけただろう。例えば、孫という血筋には、孫子という兵法家がいて……。李には、あの李世民（唐朝の実質上の創始者）や、詩人の李白がいて……。こうして子供たちは、楽しみながら、中国の姓をおぼえていった。

　趙という姓がトップにあるが、いささか理由がある。それは『百家姓』ができた宋代では、皇帝の姓が趙だったからである。また、明代にできた『皇明千家姓』で、朱が最初にあるのも、同じ理由からである。

　龍という姓は、『百家姓』のなかの第六十四句にでてくる。ほぼ中間といったところだ。この龍の姓はきわめて古いもので、五帝のひとり舜の臣下だったという。その氏（官職）は納言であり、現在でいう官房長官にあたる。紀元前三世紀の『韓非子』によれば、この龍の姓の血筋は「よく龍を畜い」とあり、龍は「おとなしい」ともあって、なかなか興味ぶかい部分がある。

　さて、歴史上の龍の姓をもつ人物を、何人か紹介しておこう。

龍陽君（ロンヤンチュン）——戦国時代の人で、魏（ぎ）の国の寵臣（ちょうしん）だった。王とともに魚をつり、より大きな魚をつって喜ぶ王を見て泣いた話は有名。自分の将来も有限であることを悟ったのである。

龍復本（ロンフーペン）——唐の著名人で、生まれつき盲目だったが、相手の声を聞くだけで、その過去と未来を言いあてたという。

龍太初（ロンタイチュー）——宋の有名な詩人で、改革派の王安石（おうあんせき）とは詩友の関係にあり、人格がきわめて謙虚なことで知られた。

龍仁夫（ロンレンフー）——元の著名な学者で、『周易（しゅうえき）』などの古典に前人未到の解釈をほどこした。流麗な文体の名手である。

ちなみに、百姓（パイシン）について一言しておこう。それは日本語の百姓（ひゃくしょう）ではなく、すべての民を意味する。老（ラオ）をその前につければ、もっと意味がはっきりする。

龍は当然のこと、男子の名前としてよく用いられる。最近の例でいえば、人民解放軍の元帥だった賀龍（ホーロン）（一九六九年没）や、天津市作家協会主席の蔣子龍（チアンツーロン）（一九四一年生まれ）などがいる。

龍と、人祖・伏羲と女媧との関係

モノゴトの最初に、人間は関心をもつようだ。それでは、人間の最初はどうか。ここでは生物学者の説ではなく、神話や伝説のほうに耳を傾けてみたい。なぜなら、そちらにはどうも、龍の気配がするからである。

中国の神話では、まず兄妹の神が登場する。男神が伏義（ふっき）であり、天地を開闢（かいびゃく）したという。女神が女媧（じょか）であり、黄土をこねて人間を作ったという。伏義はまた、占いをする八卦（はっけ）や、記録のための結縄を発明し、人びとに教えた。八卦はやがて文字となり、文化や文明の基礎となった。縄を結んで記録する知恵から、やがて生産性をもつ社会が生まれたのである。

ある日、伏義の造った天の一部が壊れてしまった。そこからは滝のような豪雨がそそぎ、地上のヒトは次つぎと洪水にのまれて、死んでいく。それを不憫（ふびん）に思った女媧は、五色に輝く石を用いて、天を修理したという……。この天地創造の神話は、きわめて示唆的である。

左の図版は、漢代の画像石（レリーフ）である。石の板に、浅い彫刻をほどこしたもので

漢代の画像石では、伏義と女媧は上半身が人間、下半身は動物（ヘビ）となっている

ある。中国の神話では、この画像石に彫られた一対の男女の神により、人間をふくむ宇宙が創造されたというのである。

右が伏羲であり、左が女媧である。注目すべきことは、女媧と伏羲の形態である。この図版は上部が欠けている。そこには、伏羲のかざす「定木（じょうぎ）」あるいは「太陽」と、女媧のかざす「コンパス」あるいは「月」が、それぞれ棒のさきにあったと考えられる。

さらなる問題は、二人の下半身である。一般的には、女媧を「人頭蛇身」といい、伏羲を「蛇身人首」という。要するに伏羲も女媧も、上半身はヒトであるが、下半身はヘビなのである。そのヘビの部分は互いに絡みあっているのである。それは生殖の構図でもあろう。

太古の時代、人類の社会を構成していた単位は、親族の集団だった。血のつながりを原則とした集団である。この血族のククリが「姓（かばね）」であることは、前項ですでに述べた。この習慣は今日まで引き継がれている。古代の血族集団はまた、ある特定の自然物（トーテム）と、神秘的かつ象徴的な関係をもっていたとされる。

そのトーテムは、自然のなかの動物であり、植物である。それは、ある特定の集団にとって、畏敬（いけい）の対象であり、同時にタブーでもあった。その伝承のトーテムが、長い歳月を経てのちに、共通の祖先をもつことを証明することもあったろう。

こうした風習は、程度の差こそあれ、人類に共通のものである。北米の先住民にはトーテム・ポールがある。そこにトーテムの記号を描き、トーテムの像を彫刻する。中国や日本に広くつたわる「かぐや姫」伝説は、植物の竹をトーテムとした集団の遺産であり、文学的な傑作である。

「龍の首はヘビに似る」としたのは、漢代の王符（おうふ）である。この時点で、実在するヘビから空想の龍へと「格上げ」があった。彼は龍を定義した最初の人である。中国の神話にでてくる男女の神は、いずれもヘビの形象をしている。その意味するものは、ヘビをトーテムとした血族集団の優勢ということである。

龍と鳳とは、二大トーテムだった

龍と鳳（おおとり）とは、中国人が最も愛好する一対の瑞祥（ずいしょう）である。「龍と鳳が祥（さいわい）を呈する」「鳳が舞えば文は明（ひら）け、龍が飛べば武は昌（さか）える」などの表現がある。

鳳とは、本来、大きなトリのことである。ヘビと同様、トリは古代人のトーテムであった。大空を自由に翔（と）ぶことのできる大きな鳥は、神の鳥であり、聖なる存在であって、人びとの崇拝の対象だったのである。

それは神格化され、より華麗な形態を整えていく。頭はキンケイ、体はオシドリ、嘴（くちばし）はオウム、脚はツル、長くのびた羽根……。こうなれば「百鳥の王」であり、まさに美の化身というものだ。鳳はこうして、美しい、平和のシンボルとなったのである。

中国人は対（つい）のものを好む。プレゼントの場合も、花などでも、一対で二本とすることが多

農家の玄関でむつみあう龍と鳳（江西省・臨川）

い。鳳と龍とは、最善の組み合わせの一対である。それらが象徴するものを、あげてみよう。

龍——武・力・闘争・男・皇帝・陽……

鳳——文・美・平和・女・皇后・陰……

この対には限りがない。それは中国人の思考と嗜好を知るうえで、確かな手がかりとなるものだ。

数年前のこと、江西省の農村で上図のような「龍と鳳」を発見した。上海の西南約六百キロにある江西省（省都は南昌）は、面積が日本の五分の二ほどあり、人口は約四千四百万。そこには革命の聖地の瑞金や井岡山、陶磁器で知られる景徳鎮、風光明媚な盧山などがある。

一帯は典型的な南方の農村だった。水田が広がり、緑の山が遠景にある。水牛がいる。黒いレンガ作りの農家は平屋建てだが、天井はいかにも高そうだ。入り口の大きな扉は、観音びらきである。その上に、この「龍鳳呈祥」の絵があった。

まだ新しい絵で、素朴そのものだ。直径一メートルほどの円形に、白いしっくいが塗ってある。その上の絵はカラフルである。龍や鳳の体は赤、羽根や脚は緑、顔や体の一部が黄、黒でうまく輪郭をとっている。

この一幅の絵は、思うに、農家の若い夫婦の願いを表現したものであろう。龍になぞらえた夫と、鳳になぞらえた妻が、仲むつまじく暮らすこと、平和な家庭であるように……と。

実は「龍鳳呈祥」は、ごくありふれた絵である。そうした絵に対し、大胆かつ学術的な仮説のあることを知った。何新（ホーシン）著『龍——神話と真相』（上海人民出版社、一九九〇年）である。

何氏によれば、遥か昔の中国大陸には、二つの代表的な血族集団があった。一つは母系制で、鳳をトーテムとし、もう一つは父系制で龍をトーテムとしていた。この二つの集団が合体して、中華民族の祖となったとする。

誤解を恐れずに、この「龍と鳳」を拡大解釈してみたい。龍は、黄河を中心とし、ムギを食べる北方系である。鳳は、長江（揚子江）を中心とし、コメを食べる南方系である。思想上でいえば、龍は秩序を重んじる儒教の、鳳は自由を重んじる道教の、それぞれ系譜にあることは興味ぶかい。

前項に紹介した伏羲（ふっき）と女媧（じょか）は、北方の血族集団の、シンボル的存在であり、指導者だったのではなかろうか。

鼎が完成し、黄帝は龍にのり昇天

天には天帝がいて、地には地帝がいる、と古代の中国人は考えた。それらは、あおぎ見る天のかなたの絶対者であり、地上のもろもろの命の主宰者である。それに比べると、伝説上の黄帝（こうてい）は、かなり人間にちかい存在といえそうだ。

中国の伝説によれば、黄帝は、その母が北斗を感じたとか、大きな稲妻を見て、「気」に感じて生んだ子であるという。しかもその稲妻は、北斗七星の第一星をめぐったともいう。

北の夜空には、斗（ひしゃく）の形をした七つの星がある。それは誰の目にも明らかな存在だ。いわずと知れたオオグマ座の七つの主星である。第一星のかなたには、不動の北極星がある。第七星は一昼夜に十二の方角をさすことから、古来、最も信頼できるシグナルとされてきた。

この黄帝の出生をめぐるエピソードは、いく通りにも読むことができる。「北斗」のくだりは、彼の豊かな才能と人望の厚さを示すものであろう。徳をつみ天子となった彼は、さらに身を修め、人民のためになる政治を心がけたという。

「気」に感じた母のくだりには、人類の歴史が凝縮されているだろう。そこには父親の影も形もない。文字どおりの母系制の社会があったのだ。現代の多くの人には、にわかに信じがたいことだろう。だが、それは歴史的な事実である。

広大な中国には、今なお母系制社会を色濃くとどめている場所がある。例えば、雲南省と四川省にまたがる瀘沽（ろこ）湖の一帯である。そこにはモソ族などの少数民族が、半農半漁の暮らしをしているが、どの家の主人も「おばあさん」である。男どもの影は薄い。

黄帝は、中国の伝説では、非常に遠い昔の存在として語られている。それは女媧や伏羲にしても、同様である。その時代設定はともかくとして、伝説や神話のなかのヒーローやヒロインは、ある種のことを物語っているだろう。それは、狩猟や採集、漁労の社会から農耕社会へ、母系制から父系制へと移行してきた人類の歴史の「軌跡」であろう。

道教の発祥地では、龍の柱のある黄帝殿で勤行をする（四川省・青城山）

龍にのって、白昼、黄帝が天に昇ったという話は、あまりにも有名である。中国人であれば、そう聞かされて育ったはずである。龍はすでに二千年前の漢代には、天と地のあいだを自由に往来する、と考えられていた。だが、天子となった黄帝は、「半獣半人」の女媧や伏羲と異なり、完全に人間の形として画かれている。

その黄帝を、長いひげをした龍が迎えにきたのは、青銅製の鼎（かなえ）が完成した日だったという。黄帝は龍の背中にのり、側近や後宮の美女たちも、それに便乗したという。天に昇るとは、この場合、死ではなく、その逆に「不死」を意味している。

一説では、龍は未解明の動物とか

今日では、恐龍が実在したことを、誰も疑わないだろう。そして、龍の場合は、どうか？恐龍が地上に君臨したのは、いまから約二億三千万年も昔のことだ。それにヒトが気づいたのは、十九世紀になってからのこと。龍の「実在」を信じる者は、目下、ほとんどいない。

中国の龍は、二千年前の字典『説文（せつもん）解字』にはすでに定義があり、現代人がイメージする龍も、すでに漢代には出来あがっていた。これについては第二章で詳しく触れる（六八頁参照）。ともかく「人物馭龍（ぎょりょう）図」（戦国時代）など龍を飼う図や、龍を乗りまわす絵が少なくないのである。

だとすれば、まず龍の実在を考えることが、むしろ自然ともいえる。龍を空想上の瑞獣（ずいじゅう）とする説は、しばし保留することにしたい。

『龍（ロン）』（華夏出版社、一九九四年）は、よく書かれている本だ。著者の馬小星（マーシャオシン）と面識はないが、よく勉強している人のようだ。この本の副題には、なんと「一種の未解明の動物」とあるではないか。

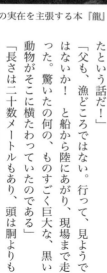

『龍』では、数多くの古典から、龍についての伝説や神話を引用している。また龍が、かくも神秘や幻想のベールにつつまれる理由についても、著者の見解がのべられている。ここでは、その第三章に注目したい。それが全体として龍の「目撃証言」だからである。

　龍が目撃されたのは、一九四四年夏、中国の最北部にある黒龍江省でのこと。チチハルの東南にドルボトというモンゴル族自治県がある。そこの漁民である任殿元(レンティエンユアン)が、息子に次のように語っている。息子の任青春(レンチンチュン)は、地元の博物館に勤務している。

「いつものように父の任佰金(レンパイチン)が中心となり、漁民の仲間をさそって、牡丹(ぼたん)江へ船をだした。四、五隻の船で、十人前後、数日から十日かけて漁をするのが常だった」

「陳家村の近くまできた時のこと。いくらも人がいないはずの村なのに、ものすごい人だかりだ。何でも、黒龍江の黒龍が川岸に墜(お)ちてきたという話だ！」

「父も、漁どころではない。行って、見ようではないか！　と船から陸にあがり、現場まで走った。驚いたの何の、ものすごく巨大な、黒い動物がそこに横たわっていたのである」

「長さは二十数メートルもあり、頭は胴よりもやや細かった。胴は大人の腰ほどもあり、約一

龍の実在を主張する本『龍』

メートル。頭に、角はない。額には、三十センチほどの一本のノコギリ形の角が生えていた」

「顔は、絵でみる龍とそっくりだ。七、八本のヒゲがあり、いかにも硬そうで、まだピクピクと動いていた。目は閉じていたが、夏のこととて、ハエがたかる。龍がまぶたを動かすと、ハエがパッと飛びたった」

「生臭いことといったら、鼻が曲がるほどだ。村人たちは総出で、龍にムシロをかけ、それに水をかけていた。その日は、残念なことに一時間ほど見ただけだった。それというのも、翌日また行ってみると、川岸には一本の長いミゾがあるだけで、龍はどこかへ飛びさり、いなくなっていたのだ」

龍の実在を主張する馬小星の好著『龍』では、龍は、「ヘビやワニとは異なる、実在した、ある種の両生類である」と推論している。

龍は、ナーガやドラゴンと無関係

辞書をひくと、dragon（英語）や nāga（サンスクリット語）が、「龍のこと」と訳されていることが多い。これは問題だろう、とかねて思っていた。中国や日本の「龍」のことを調べれば調べるほど、その思いを強くする。

その理由は、龍と、dragon（ドラゴン）や nāga（ナーガ）は、外見などで似ている点もあるが、性格や役割などでは、大きく異なっているからである。

まず、ナーガである。インドやタイを旅行した人は、毒蛇コブラを思わせる大小の像をよく目にするだろう。それがナーガである。インドの神話にでてくるナーガ王は、地下にいて、その情欲の熱でもって、川や湖の水を煮えたぎらせる。すべての植物は枯れてしまい、万物は死ぬばかりである。そこへ、正義の神クリシュナが登場し、ナーガ王を征服して、地上の富を守る……というストーリーである。

このナーガの正体について、インド研究家で、畏友（いゆう）の伊藤武は次のように推理している。

ナーガは毒蛇コブラのことか（タイ国）

「その正体は、クロコダイルが特殊進化したワニ、ガビアルである。クンビーラとは〈土壺（クンビー）〉を持つものという意味で、ガビアルという名も俗語の〈壺（ガリャル）〉に由来する。雄ワニの鼻先が土壺のような形に膨らむので、この名がついた。体長七メートルにも達するガンジス河きっての〝魔物〟（省略）。昔はガンジス水系を中心に、メコン河や揚子江中流城、つまり雲南あたりまでうようよいた。だが残念なことに、今日では絶滅の危機に瀕し、インドやネパールの動物保護区にわずかな数が生息しているにすぎない」（『身体にやさしいインド』講談社、一九九四年）

　このクンビーラが、釈迦牟尼（シッダールタ）一族のトーテムであったこと、日本語では金毘羅となり、航海の安全をまもる神として、四国の琴平町に祭られているなど、伊藤はなかなかの博識である。

　さて、西洋のドラゴンであるが、かなり異様である。体には四本の脚があり、爬虫類を思わせるが、頭がいやに大きく、翼はコウモリに似ている。尾には鋭いトゲもある。原初的には両性をもつ神というが、どうやら魔神のようだ。

　ギリシア神話には、百のドラゴンの頭をもつテュポーンが登場する。天にもとどく背丈で、両手を広げれば、東西の果てまで達し、目からは、火を放つ怪物であるが、最後はゼウスにより、山のしたに閉じこめられてしまう。『聖書』にでてくるドラゴンについては次項で、ヘラクレスと戦うドラゴンは第五章で、それぞれ取りあげる。それらのドラゴンが「悪の化身」であることに変わりはない。

　ここでは、ヘブライ語のドラゴンを一考しておきたい。その理由は、『新約聖書』がギリシア語で書かれたのに対し、『旧約聖書』はヘブライ語で書かれたからである。ドラゴンに相当するヘブライ語は「タンニーン」であり、その原義は「長い動物」「大きな怪物」であるからだ。

紀元前六世紀、ヘブライ語を用いていたユダヤ人は、バビロン（現在のイラク中部）に強制移住させられた。かの「バビロンの捕囚」である。そのバビロンの地の創造神話には、混沌としたヘビのような怪物（ティアマト）が登場する。このようにドラゴンの起源をたどり始めると、連想が連想をよび、果てることがなさそうだ。

さて、中国の龍（ロン）は、どうであろうか。それはときに、猛威をふるい、人命や財産を損なうこともあり、畏怖される存在である。しかし総じて、龍は、超人的な能力をもち、絶大なパワーを発揮する存在として考えられてきた。そうした理由から、龍は、皇帝のシンボルとなり、皇帝によって専用されるようになったのである。

龍は、中国人や日本人にとって、瑞祥（ずいしょう）でこそあれ、凶相ではない。美術にかかわる龍は第四章で、文学にかかわる龍は第五章で、生活にかかわる龍は第六章で、それぞれ触れることになっている。われらの龍は、インドなどのナーガや、西洋のドラゴンとは、明確な一線を画しており、それらとは異なる存在である。

『聖書』世界のドラゴンを考える

キリスト教の『聖書』は、もとより宗教の書である。同時にそれは、ヨーロッパの歴史や、そこに住む人たちの考え方を知るうえでの必読の書でもあろう。キリスト教とユダヤ教はよく、前と後ろに二つの顔をもつヤヌス神（古代ローマの神）に比せられる。
『聖書』には二つある。思いきって簡単にいえば、『旧約聖書』は、ユダヤ人にあたえられた救済の準備および約束を内容としている。また、『新約聖書』は、イエス・キリストによって成しとげられた救済の約束を、その内容としている。

この新旧の二つの『聖書』のなかのドラゴン（龍）は、ヨーロッパ人の龍にたいする理解をよく示していると思われる。

まず、『旧約聖書』である。その冒頭は「創世記」であり、「出エジプト記」である。その内容は神話であり、伝説であるが、ユダヤ人の移動の歴史が四千年におよぶことに、改めて驚かされてしまう。『旧約聖書』「詩篇」第七十四章に、ドラゴンが出てくる。

神はいにしえより、わが王なり、
救いを世の中に行いたまえり、
なんじ、その力をもて海を分かち、
水のなかなるドラゴンの頭（こうべ）をくだき、
鰐（わに）の頭を打ちくだき、
民にあたえて食となしたまえり……。

次に、『新約聖書』である。いよいよ、キリストの誕生である。『新約聖書』の最後の部分を飾るものとして、よく話題となる「ヨハネの黙示録」がある。

「視よ、大いなる赤きドラゴンあり。これに七つの頭と十の角ありて、頭には七つの冠あり。その尾は天の星の三分の一を引いて、これを地に落とせり。ドラゴンは子を産まんとする女のまえに立ち、産むを待ちて、その子を食わんと構えたり。女は男の子を産めり（省略）かくて、天に戦起これり。ミカエルおよびその使いたちは、ドラゴンと戦う。ドラゴンも、その使いたちも、これと戦えり（省略）かの大いなるドラゴン、すなわち悪魔と呼ばれ、サタンと呼ばれて全世界を惑わす古き蛇は、落とされ、地に落とされ、その使いたちも共に落とされたり」

大天使ミカエルに打ち負かされるドラゴン（デューラー作）

ミカエルは言うまでもなく、キリスト教を守る大天使である。キリスト教の世界では、引用文のなかの「女」はマリア、「男の子」はキリスト、であるとされる。

要するに、キリスト教の世界では、ドラゴンは、「頭をくだかれる」という対象であり、「食となされる」対象なのである。「詩篇」のなかのドラゴンは、ユダヤ人を迫害したエジプト王のことかも知れない。さもなくば、巨大かつ獰猛で、攻撃的であり、キリスト教を害する存在なのである。

だとすれば、ドラゴンの運命はすでに明らかである。いずれは、キリスト教の側の神ないし王、もしくは天使たちにより、攻撃され、撃滅されることになる。

『聖書』に代表されるキリスト教世界にも、例外の龍はいる。一九四八年、米国のR・S・ガネットが書き、その邦訳『エルマーのぼうけん』等三部作（福音館書店、一九六三年〜）に登場する「りゅう」だ。計十六匹いて、いずれも心優しく、美しい姿をしている。

二　龍は、どう形づくられてきたか

龍骨の模様から、殷墟の大発見へ

龍は、第一章でみたように、実在説もあるが、今のところは中国人の豊かな想像力が作りあげた産物であろう。それは神話の世界とも共通点をもち、ときには自然界の巨大な動物からイメージを借りたこともあった。雷や雲、竜巻などの自然現象に、「超常」の力を感じたこともあった。

その龍は、中国の歴史とともにあった。逆もまた真なり、という。その龍の骨が、歴史をさかのぼらせたケースがある。「龍の骨」を手がかりとして、あの世紀の大発見とされる殷墟が発掘されたからである。

十九世紀の清代、全国的に有名な学者の王懿栄がいた。祭酒という彼のポストは、現在の日本でいえば、東大の総長に相当するだろう。彼はいつものように、持病のリウマチを治すために、薬屋で一かけらの龍の骨を買った。れっきとした漢方薬であり、龍骨と名づけられている。

それを自宅へ持ちかえり、各種の薬材とともに煎じようとした時のことだ。彼の目は、龍

殷墟につくられた、甲骨文字の碑林
（河南省・安陽）

の骨のうえの模様に注がれた。それが何か文字のようにも見えたからである。そして各方面からの研究の結果、一八九九年にそれが古代の文字であると判明したのである。

当時は、周代の青銅器に刻まれた文字、すなわち金文が最古の文字とされていた。

ところで龍骨はじつは、ウシやサイなど、大型の動物の骨が化石となったものである。それが古色蒼然とした形状で、土のなかから現れてくるため、「龍の骨」と考えられてきた。あらゆる物体から、薬としての効果を発見するのは、中国人の特技である。

その龍骨には、不思議なことに「産地」があった。河南省の安陽である。そこは黄河の下流域にあたり、現在でも典型的な華北の農村地帯である。

昔からそこは殷墟、すなわち「殷朝の廃墟」と呼ばれてきた。しかし、それを信じる者はほとんどなかった。少なくとも学者では、皆無だった。殷朝は伝説のなかの王朝であり、実在しないとされた。歴史的には、周が最古の王朝とされていたからである。

しかし、龍骨のナゾの模様（文字？）を契機に、殷墟の本格的な発掘が始められたのである。発掘は一九二八年から行われ、そこから殷の王宮跡や陵墓が相ついで発見され、あの伝説が史実であると確認されたのだった。

かくして、中国の古代史は一気に約五百年もさかのぼることになった。周朝は紀元前十一世紀あたりからである。殷朝はそれよりも確実に数百年は古いのである。

殷墟からは、大量の玉器をはじめ、文字を刻んだ動物の肩甲骨やカメの甲羅が発見された。それは当時の公文書であり、超一級の考古資料である。いまから数千年前の中国人の思考と行動を知ることができる。

この最古の文字は、甲骨文字と名づけられ、現在の漢字の直接の祖先にあたる。

殷墟は現在、史跡公園となっている。大規模な発掘のあとも埋めもどされ、区画整理されて、石だたみの散歩道がある。甲骨に刻まれた文字を拡大して、石碑にしたてた「甲骨碑林」はアイディア賞ものだ。

一番奥まったところに、殷の王宮を模した建物があり、記念館となっている。平屋のカヤぶきで、赤い柱が印象的だ。甲骨をたっぷりと展示してあり、そこを訪れた人は、殷の時代へとタイム・スリップしてしまいそうだ。

殷代、甲骨文字にいくつもの龍が

甲骨文字は、目下、中国では最も古い形をした文字である。それは今から三千数百年も昔、殷の王たちが占いに用いたものである。まだ絵の要素がのこる文字を、亀の甲羅や牛などの肩甲骨に刻みつける。

「帝は風吹かしめんか」「庚寅に雨降らざるか」……

その骨を炎のなかに入れると、ビビーッと音がして、ひび割れができる。貞人とよばれる専門家が、その割れ具合により、結果を判読する。占った内容の「諾否」あるいは「可不可」を、王に報告するのである。

今から約四千年前の龍山（りゅうざん）文化の時代もそうだったが、殷王朝の支配者たちも、占いに熱心だったようだ。雨が降るか？　風が吹くか？　豊かな実りがあるか？　戦争をすべきか？　などについて、彼らは、天帝の意を推しはかろうとした。

いかにも大陸的、といえばそれまでなのだが、中国人が、こうした数千年の歴史をもつ文字に気づいたのは、十九世紀末のことである。それが龍骨を手がかりとしたことは、前項で触れたとおりである。中国には悠久の歴史がある。甲骨文字よりさらに古く、陶文ともいうべき文字の存在も、一部の学者により指摘されている。

現在のところ、約三千の甲骨文字が確認されている。王国維や羅振玉の研究にもかかわらず、その半数が解読されただけである。これまでに判読された甲骨文字のなかから「龍」を

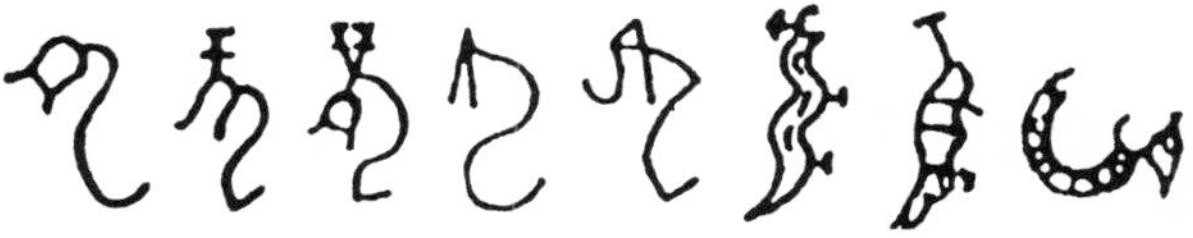

甲骨文字の龍を、右から左へ古い順に見くらべると、絵から抽象化される過程がよく分かる

さがすと、上図のようである。

その稚拙さに、読者は驚かれることだろう。これがほんとに漢字の元祖であるか、と疑念をもつ人もいるだろう。まもなく紹介する玉(ぎょく)の龍（五一頁参照）、龍体人面の文様（五三頁参照）、とぐろを巻く龍（五六頁参照）などは、殷代よりもずっと古い。それらに比べても、甲骨文字の龍はいかにも幼稚な印象を受けるだろう。

しかし、この思いきった抽象化こそが、文字への道程なのである。この大胆で、血のにじむような知的な営為がなければ、今日の漢字は存在しない。

右端の龍は、まだ絵の要素を色濃くのこしている。それが横たわっていること、それ以外の龍が立ちあがっていることに注目したい。甲骨文字のなかの龍は、具象から抽象へ、水平から垂直へと変化してきたことが類推できる。

左端の龍は、何のけれんみもなく、一筆がきのようである。大きな頭とスラリと伸びた体が、いかにも印象的といえる。

四川省の自貢は、中国の恐龍の郷

中国では旧暦で正月を祝う。春節という。元旦の爆竹と餃子(ギョーザ)、十五日の灯会(トンホエ)はやはり正月の目玉である。灯会とは、提灯(ちょうちん)祭りのこと。

四川省の自貢市は、昔から塩の産地として有名だが、最近では「恐龍の灯会」によって人気が高い。正月の夜、光の演出をする大小の提灯ができる。その主人公が恐龍なのである。毎年、二百万もの人が見物にくる。

自貢が「恐龍の郷」とよばれるのには、それなりの理由がある。カナダの恐龍学者で、『恐竜ルネサンス』の著者でもあるP・カリーは、次のように述べている（要約）。

「自貢の恐竜博物館は、世界でたぶん最大の、最もすばらしい恐竜展示だろう。この非常に近代的に見えるビルは、尨大(ぼうだい)なボーンベッド（骨格）のうえに建てられている。それは北京(ペキン)の古脊椎(こせきつい)動物古人類研究所の董枝明(トンチーミン)などにより研究されたものだ。ボーンベッドはほぼ水平に広がり、四メートルもの厚さがある。約千四百平方メートルが部分的に発掘された。訪問客は長いバルコニーから、その場所を見おろすことができる」

引用が長くなったのは、自貢の恐龍が、世界的な規模のものであることを証明するためである。中国では二十世紀初めから、恐龍の化石が相ついで発見された。北の黒龍江、東の山東、西北の新疆(しんきょう)、西南の四川など。その多くは外国人の研究者によるものだった。

だが、自貢のケースは別であり、量質ともに前代未聞の「恐龍の墓場」だった。一九七九年、天然ガスを採掘するために、そこに車両の整備場を作ろうとした。そうしたら、恐龍の化石が山ほども出てきたのである。

この自貢の恐龍発掘の場所は、西安の秦（しん）の兵馬俑坑（へいばようこう）と同様、現場にすっぽりドームがかけられた。三千平方メートルという広さであり、現在もなお発掘がつづけられている。すでにジュラ紀の恐龍たちが二十種以上、完全な骨格が百体以上も発掘された。

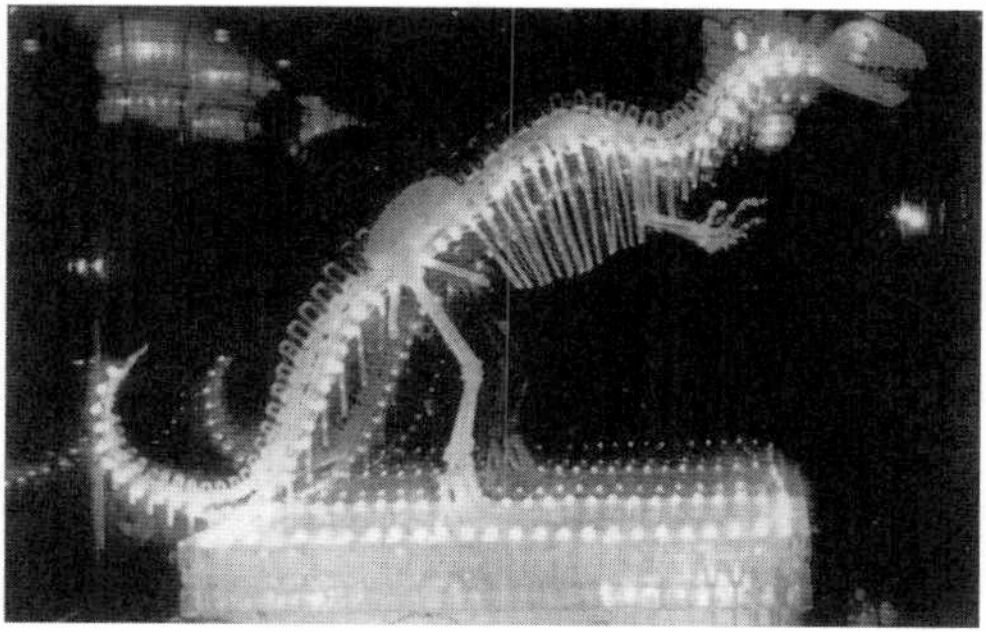
「恐龍の郷」では正月に「恐龍の灯会」が開かれる（四川省・自貢）

代表的な恐龍を二、三あげてみよう。四川省の古い呼び名は蜀（しょく）である。それを冠したシュノ（蜀）サウルスは体長十二メートルだ。蜀の名山である蛾眉山（がびさん）の名をとったオメイ（蛾眉）サウルスは長い首をもち、体長が二十メートルもある。また、超国宝級とされるステゴサウルスがおり、その中国名は「剣龍（チエンロン）」である。

その恐龍と龍骨とは、どのような関係にあるのだろうか。

世界で最初に、恐龍の化石を「発見」したのは、イギリスの医師マンテルの夫人とされる。毎日のように散歩をしている彼女が、道ばたに積まれている石材の山から、恐龍の歯の化石を発見したのだった。一八二二年、ロンドンの南にある小さな街ウェレスでのことだ。

　イギリスであれ、中国であれ、この恐龍とよばれる大型動物がノッシノッシとあるいていた時代は、いまから約二億三千万年前のことだ。中国人のいう龍骨は、その文様を手がかりに殷墟（いんきょ）の「発見」があったように、せいぜい三千数百年前のことにすぎない。

　薬としての龍骨は、漢代の専門書『神農本草経』にも書かれている。最近の『中薬大辞典』では、その「産地」を中国のほぼ全域とし、その「基原」は「ゾウ、サイ、ウマなど古代の哺乳（ほにゅう）動物の骨の化石」としている。恐龍は含まれていない。

　ただ、自貢の場合がそうであるように、恐龍の化石は浅い地層からも出土している。洪水などでそれが流出し、人目にふれた可能性は否定できない。それはきっと「龍骨」として扱われただろう。清代の『述異記』によれば、「数十丈もある龍骨」が出土したという。このサイズからすれば、ウシやサイなどではなく、恐龍の可能性が大きい。

　結論的にいえば、龍骨と恐龍の化石の関係はまだ不明である。どちらもカルシウムが主成分であり、外見は似たりよったりだ。将来、出土した骨や歯の化石の種類と時代が、その地層の年代測定や、遺伝子の研究により、さらに正確になることを期待したい。

六千年前、新石器時代の玉製の龍

モンゴル草原にある小さな村から、高さ約二十六センチ、アルファベットのCの形をした玉(ぎょく)で作った龍が発見されたのは、一九七一年のことである。

そこは中国内モンゴル自治区の東部、シリンホト高原にあるオンニュド旗(き)である。旗はもともと、八つあった蒙古正規軍のことだが、いまでは行政区画となっている。日本でいう郡に、ほぼ相当する。モンゴルの高原は「天は蒼々(あおあお)とし、野は茫々(ぼうぼう)として、風が吹いて草が低くなれば牛や羊がみえる」という場所である。

約六千年前の新石器時代の後期、現在でいう内モンゴルの東部から河北、遼寧にかけては、紅山(ホンシャン)文化が栄えたのだった。オンニュド旗からは一九八七年にも、ほぼ同じ形の玉の龍が発見され、ともに現地の博物館に収蔵され、展示されている。

この玉の龍は、二十六センチという大きさもさることながら、その素朴で、力強い造形美には、われわれ現代人も敬服するばかりである。

頭部には、シンプルな曲線をもちいて彫りだした二つの目がある。

口の部分はやや上につきだし、二つの鼻孔はきっちりと彫られている。口のまわりと額には、細かいメッシュ状の紋があり、龍の顔全体をいかめしいものにしている。

首の部分からのびたヒゲは背中までいき、そこで大きく跳ねあがっている。これを鬣(りょう)という。その先端はきわめて鋭くなっており、C形に丸まった龍の体とは対照的であり、全体の

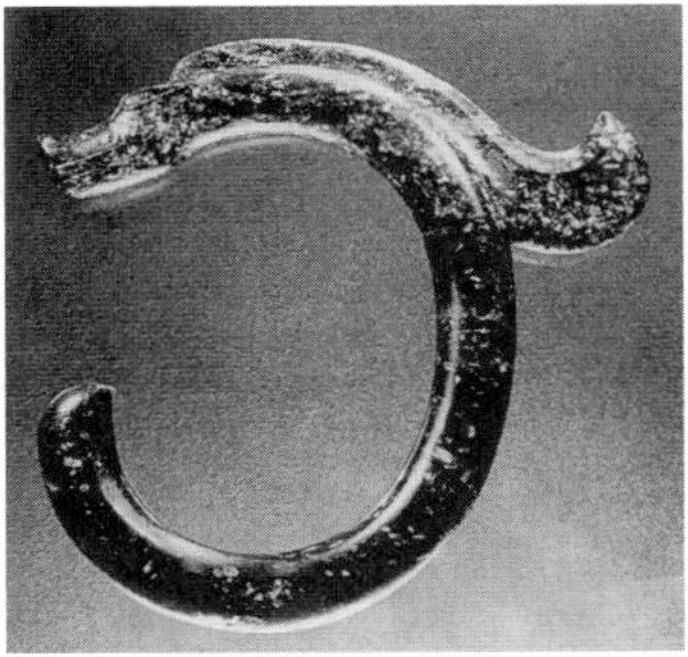

6000年前の玉製の龍（内モンゴルで出土）

構成にインパクトをあたえている。

龍の体には紋はなく、かなり光沢がある。その体のほぼ中央に小さな穴があけられている。ここに細いひもを通して、龍をぶらさげる実験をした人がいる。驚くべきことに、龍の頭と尾とはピッタリと水平の状態になったという。この穴の位置の決定には、厳密な力学的な計算がなされていたのである。

ところで玉とは、乳白色や緑、青などの美しい石のことである。科学的にいえば、硬度が五あたりの軟玉と、硬度が七あたりの硬玉に分けられる。ちなみに、硬度十はダイヤモンドだけである。

オンニュド旗の龍は、軟玉（なんぎょく）という鉱物で作られている。純白の軟玉のことを、羊脂玉（ようしぎょく）ともよび、きわめて高価なものであって、黄金の比ではない。その羊脂玉という高貴な名前は、六千年前のモンゴル草原から出土した玉の龍にいかにも似つかわしいといえよう。

ところで干支（えと）は、中国製であるが、そのおよび名にいくらか違いがある。例えば、日本ではイノシシだが、中国ではブタ年という。上海（シャンハイ）の豫園（よえん）は、東京でいえば浅草のような繁華街である。中国では西暦の元日ではなく、中国における旧正月の〝春節〟を盛大に祝う。数年前のブタ年の春節のこと、豫園には、高さが五メートルもある張り子のブタが飾られていた。

一部の学者は、オンニュド旗から出土した龍の顔がブタに似ていると指摘する。言われてみれば、そんな気もしてくる。しかも中国では古代から現在まで、ブタは豊かさを代表する動物である。「ブタが門に入れば百福が至る」と印刷された年賀状をもらったことがあった。

新石器時代のモンゴル高原の住人たちは、ヒツジの放牧と、ブタに代表される農業とを両立させていたのかも知れない。

仰韶文化の彩陶に龍体人面の文様

J・G・アンダーソン（一八七四〜一九六〇）は、スウェーデンの地質学者、考古学者である。彼の名前は、中国の歴史学に永遠にとどめられるであろう。

それというのもアンダーソンは、北京（ペキン）原人の骨が世界最古の原始人類の一つであることを指摘しただけでなく、河南から甘粛まで黄河の中流域に彩陶をもつ農耕文化があったことを証明したからである。

この中国最古の農耕文化は、彼が彩陶を発見した仰韶（ヤンシャオ）（ぎょうしょう）村にちなんで、仰韶文化とよばれるようになった。今から約六千年前、新石器時代の後期のものである。

甘粛省は細長いヒョウタンの形をしている。その東部の武山から出土した彩陶は、仰韶文

6000年前の彩陶に描かれた龍の文様

化の典型的な彩陶である。それは淡い赤色の陶土に、黒や赤、白などの文様をほどこしている。焼成温度は約千度で、鉢や碗（わん）、徳利の形をしたものが多い。

上の図版に出した彩陶の文様は、大きな二つの丸い目、歯をむきだした口、額から顔全体にひろがる十文字と、いかにも印象的である。だが、ともかくヒトのようではある。

しかし体のほうは、どう見ても龍ではないか。陶器を半周以上している体からは、一対の手（あるいは脚）がでている。その先端は四本に分かれている。

中国のある学者は、この彩陶の絵はサンショウウオであると主張する。絵柄はもともと素朴なものであり、龍にも、魚にも見たてることができる。しかし、彩陶は当時の中国、いや世界にあって、最先端のハイテク技術の作品である。その彩陶を飾るものとしては、実在するサンショウウオでは、やはり力不足というものだ。このように考えれば、彩陶の文様はやはり、空想上の動物でなければならないだろう。

ここでは敢（あ）えて、人の顔をし、龍の体をしたある種の神としておこう。それは同時に、萌（ほう）

芽した龍の形象がしだいに発展していく過程を、われわれに示している。

約六千年前の仰韶文化の時代に、人びとはすでにアワやキビを栽培し、ブタやイヌを飼っていた。彼らの住居は竪穴式であり、小さいながらも集落を形成していた。龍の絵つけをした彩陶を焼き、磨いてつくった石斧を使いこなしていたのである。

数年前、黄河の中流域を取材したことがあった。その途中の河南省で、三門峡市から洛陽まで、思いきってタクシーを飛ばしたことがあった。約百五十キロのこの間には、いくつかの取材すべきポイントがあったが、その最大のものは仰韶村である。

「道がいいでしょう。仰韶が近いですよ」

と運転手が笑う。ここを訪れる観光客が多くなり、舗装には幹線の国道よりも、金をかけているのだという。中国には、摩訶不思議なことが少なくない。アスファルト道路の終点は、なんと「仰韶遺跡」の広場だった。

仰韶遺跡の広場は、高さ二メートルほどの壁で囲まれており、壁ぎわにはアザミが目のさめるような紫の花をつけていた。遺跡の記念碑は、唐三彩を思わせるタイルをふんだんに用いて、いかにも個性的である。その一帯はムギ作を主としており、典型的な華北の農村である。昼さがりの仰韶村では、物音ひとつしなかった。

龍山文化の黒陶にとぐろを巻く龍

黄河の中流域および下流域、すなわち山東、河南、山西の一帯に龍山(ロンシャン)文化が栄えたのは、いまから約四千年前のことである。

龍山文化は、彩陶を特徴とする仰韶(ぎょうしょう)文化から発達したもので、黒陶文化ともよばれる。その理由は、黒ないし褐色をした薄手の陶器をもつからである。

山西省は黄河の中流域にある。厚く堆積した黄土層が、黄河やその支流に浸食されて、河岸段丘という独特の景観をしている。

その山西省の西南部、黄河に面して龍門があるが、その東七十キロの襄汾(じょうふん)から、ひとつの黒陶が出土した。お盆のような形をした陶器で、茶褐色をしており、その内側には一匹の龍がいた。朱と黒をもちいて、とぐろを巻いた龍が躍動感をもって画(えが)かれている。

口から吐きだすように、細く長い舌があり、その先は何本にも分かれている。歯ならびはノコギリを思わせて、迫力十分である。舌は蛇の舌を、歯は鰐(わに)の歯を、それぞれヒントにしているようだ。だが、陶工はこの舌や歯に、もっと超自然的な創意をこめていたのではないだろうか。

体には二列の大きなウロコがあり、尾までつづく。この部分は龍の胴体の片側にあたるのだが、二列にならぶウロコは効果的である。胴体がいかにも太いことを感じさせる。

お盆の底をひとまわりした体は、尾が首のあたりで小さくなり、かすれてしまう。それは胴体の長さを、巧まずして表現している。こうした構成力や表現力から判断して、龍山文化のレベルの高さが知れるというものだ。

龍山文化の農具や農業技術は、仰韶文化よりもずっと発達し、すでに牛や馬が飼われていた。住居は竪穴式のままだが、集落の規模は大きくなり、後の中国の邑の原型となっている。この変化に要した時間は約二千年。

4000年前の黒陶の盆に、とぐろを巻く龍

また、占いは龍山文化のもう一つの特徴である。大自然はときに豊穣な恵みをあたえてくれるが、ときに容赦なく猛威をふるうこともあった。当時の人たちは、自然のなかで必死に生きると同時に、「天の意」を知りたいと願ったのだった。

その手段として考案されたのが、動物の骨に文様を刻み、それを火にかざすことだった。その割れ具合により、わずかに「天意」を推しはかることが可能だ、と考えたのであろう。

実際に天の意志が推しはかれたのか否か

は、ここでは論じない。ただ、この龍山文化の風習が殷に引きつがれ、やがて甲骨文字の創始へと展開しようとは、誰が予想したであろうか。それはまさに人類の歴史上、望外の収穫となったのである。

龍がとぐろを巻くお盆に、もし水をはれば、底にわだかまっていた龍は、きっと浮きだしてくるだろう。黒陶が実用品の一面をもっていたことは否定できない。

思うに、龍山文化の黒陶には、祈りという別の一面があったのではなかろうか。黒陶の盆の水にたゆとう龍にむかって、当時の人が何かを祈っていたとしても、それは不自然なことではないだろう。

殷の女傑・婦好が愛した玉製の龍

中国の歴史年表をみると、王朝は夏から始まっている。先にも書いたように、夏は、禹が創始したとされ、中国最古の王朝である。約四百年つづいた夏は、十七代目に桀という暴君がでた。このため民心を失ってしまい、殷にとって替わられてしまう。歴史は繰りかえす、という。その殷もまた、紂という暗愚な王がでたために、武王の周にとって替わられてしまうのである。

ただ、中国の一部の歴史学者は、夏の実在にまだ疑問をもっている。それを完全に実証するだけの考古学的、歴史学的な史料が十分ではないからである。だがしかし、殷墟すなわち殷の都の跡が発見されたのは、十九世紀末、一片の龍骨を手がかりとしてのことだった（前述）。中国の考古学は、今後とも、どんな大発見があっても不思議はない。

殷代（前十六頃～前十一世紀）の龍の造形に注目しよう。やはり玉製品や青銅器のなかに、数かずの龍を見いだすことができる。なかでも最も目をひくものが、婦好の墓から出土した玉製の龍である。

この黄褐色の龍は、大きな頭から丸まった尾まで、きわめて力強い形象をしている。開かれた口からは、太い歯が露出する。頭の後部には角が突起する。胴体は大きな頭をうけて太く、一回転したところで急に細くなり、さらに一回転する。この曲線は胴がいかにも長いという印象である。

殷代の「女将軍」婦好が愛した玉製の龍

胴全体には、鱗を思わせる方形の文様がつらなる。背中にはノコギリ状の鰭がつづく。この鱗と鰭は、龍がいかにも強暴という印象をあたえる。二本の前脚があり、それぞれ四本の趾に分かれている。

この婦好の龍を、これまでの龍と比べてみよう。頭や背中の細工は、「新石器時代の玉製の龍」（五一頁参照）の龍に似ているようだ。時間的には約三千年の差があり、モンゴル草原と黄河中流の距離は約千キロである。また、胴の文様や尾の丸まり方は、前項の「黒陶にとぐろを巻く龍」（五六頁参照）に似ている。時間的には約千年の差があり、黄河の上流と中流という関係である。

いずれにせよ、このように龍の形象は、それぞれの時代や場所を反映したものである。それは動物や魚類などの特徴を取りこみ、同時に空想的な要素を加えながら、しだいに変化してきたし、発展してきたことが分かる。

最後に、婦好について一言したい。殷王朝の約六百年という長い歴史には、山があり、谷がある。邑（むら）の盟主として、黄河の中流域に大きな勢力をもつ殷ではあったが、周囲には敵も少なくなかった。どうしても殷の支配に甘んじない外敵が、思わぬ方角から攻めこんでくることもあった。

そんな時、自ら陣頭に立ち、外敵を撃退したのが婦好である。彼女の知謀と勇猛は、味方をふるい立たせるだけでなく、敵を震えあがらせるものだった。そんな婦好には「中華最初の女将軍」という勇ましい名前が献じられている。

安陽（河南省）の殷墟には、白い大理石の婦好の像が立っている。その凜々（りり）しく、若い美人像こそが、いささか強暴な印象をあたえる玉製の龍を愛した人であり、それが出土した墓の主なのである。

周代、金文の中の龍は形を整える

殷王朝が約六百年もつづいたのは、いまから三千年も前のことである。その殷も紂という暴君が出たために、民の支持を失ってしまう。そして周の武王が牧野の戦いで殷に勝利したのは紀元前一〇四六年のこととされる。殷の伯夷と叔斉は、それに抗議して、「周の粟は食わず」と餓死したという。

殷から周への交替で、政治や経済の中心地は、黄河の上・中流域から中・下流域へと移動した。春秋時代の孔子が、古代中国の理想社会と絶賛した周王朝は、文化の方面でも見るべきものが多い。例えば、百余篇の詩からなる『詩経』は、古代中国の文学の最高峰である。青銅は、銅と錫をまぜた合金である。二種類以上の金属をまぜて、新たに合金をつくることは、人類にとって大発明である。合金はもとの金属にはない特徴をもつからである。青銅はすでに殷代からあったが、周の青銅器の制作は圧倒的である。このため、周代を青銅器時代とよぶことがある。その青銅器の豊富さについては、次項で改めて触れる。

青銅器の内側には、文字が刻みこまれていることがある。この金属に刻まれた文字のことを、金文とよぶ。殷代の甲骨文字は、占いのための卜辞であった。だが、周代の金文は明らかに性格を異にしている。金文は、ある事がらを記録した銘文なのである。それ自体が、すでに一定の史料性をもっている。

ここで、龍の文字に注目したい。金文の龍は、一方では甲骨文字の字体を継承しているが、一方では独自の発展をしている。すべての龍が垂直である。右向きの龍があり、左向き

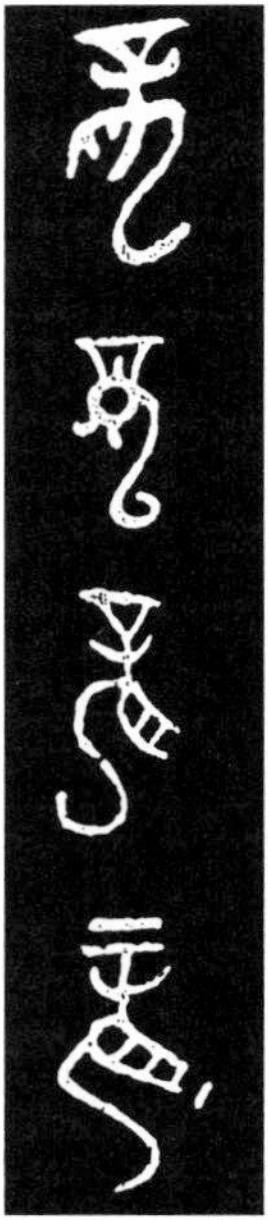

殷から周代には、盛んに青銅器が造られ、それに金文が刻まれた　龍は形を整えていく

の龍もあるのが面白い。金文の龍は、甲骨文字のもつ絵的な要素を捨象しつつ、画数をしだいに増やし、独自の形態を整えてくるようだ。

それにしても、金文の龍のもつ丸みはどうだろう。この丸みの秘密は、青銅器の製法に求められるべきだろう。まず粘土かロウで鋳型の原型をつくり、そこに文字を彫りつけたのである。その工具は、たぶん金属ないし石でできた細い棒状の筆だろう。こうした製法であれば、どんなに画数が多くとも、また字体に丸みや角をあたえることも、問題ではない。

現在、青銅器に刻まれた金文は約三千字が確認されており、その三分の二ほどが解読されている。しかし、文字学者の研究によれば、周代の金文の文字の総数は、目下知られているものの数倍はあるという。

ところで、青銅器は鉄ほどではないが、やはり腐食して姿を消してしまう。博物館などで観賞することのできる青銅器は、その表面がうまく腐食し、その青銅色のサビ、すなわち緑青（ろくしょう）によって全体が保存されたものである。

意外なことに、出来あがったばかりの青銅器は、黄金を思わせる色と輝きをもっている。

身近な例でいえば、新品の五円玉の色である。錫の割合が多ければ、プラチナのように白くなる。気も遠くなるほど長い石器時代をくぐりぬけた中国人にとって、この青銅の輝きは、どれほど眩しかったことだろうか。

春秋時代、青銅器を飾る四匹の龍

青銅は、すでに前項で述べたように、銅と錫との合金である。青銅器そのものは殷代からあるが、周代（前十一世紀〜）において圧倒的に作られている。その青銅器の形態はまさに千差万別であり、その種類も非常に多い。

数千年の歳月を経た青銅器は、それを見る者を圧倒してしまう。この多彩きわまる青銅器には、当時、鼎、尊、盤などという名前がつけられていた。それをすこし現代風に、用途ごとに分類すれば、以下のようである。

①食　器――食物を煮炊きしたり、盛りつけたりしたもの。鼎、敦など。
②酒　器――酒やスープを保存したり、温めたりするもの。壺、角など。
③水　器――水をいれたり、手を洗ったりすもの。洗、鑑など。
④楽　器――音楽を演奏するもの。鐘、鈴、鼓など。
⑤雑　器――上記以外の生活の道具。灯、熨斗、鏡など。
⑥兵　器――戦争に用いたもの。戈、戟、刀など。

⑦農工具――生産に用いたもの。斧(ふ)、斤、鋸(きょ)など。
⑧車馬具――車や馬に用いたもの。轄(かつ)、轅(えん)、軛(やく)など。
⑨度量器――計るために用いたもの。度、尺、権(けん)など。
⑩銭　幣――すでに貨幣として用いられていた！

さて、殷から周にかけて作られた青銅器であるが、ここでは龍耳方壺(りゅうじほうこ)に注目したい。これは周の後期、いまから二千数百年前の春秋時代の作品である。出土したのは一九七八年、河南省でのことだった。現在は、省都の鄭州(ていしゅう)にある省博物館に所蔵されている。高さ七十九センチ、幅三十六〜四十三センチ、重さ二十五・二キロである。

青銅器にはトン単位の大作もあり、龍耳方壺は決して大きいものではない。しかし、その技術レベルは精緻(せいち)そのものである。その全体像もさることながら、龍の造形に着目したい。

龍が耳に二匹、足に二匹いて、合計四匹である。それぞれの龍には、四本の脚がある。

耳の一対の龍は、壺の頸(くび)にしっかりと止まり、顔を上に向けている。

目は大きく丸く、上の龍は口を開け、下の龍は口を閉じている。

尾はタツノオトシゴを思わせる。

全体的には、愛嬌(あいきょう)さえ感じさせるのである。角は大きく、「雲のなかの龍」を意図しているかのようだ。

足の二匹の龍は、合計八本の脚で、この二十五キロの壺をしっかりと支えている。龍は肩と腰をもちあげ、腹をへこませていて、壺の重量感をよく表現している。丸まった尾や角の様子は耳の龍と同じだが、顔はさすがに笑っておらず、どうやら壺の重さに耐えているかのようである。

ちなみに、この龍耳方壺は酒を保存するための器である。今から二千数百年前、孔子（こうし）と同時代の人たちが飲んだ酒は、どのような酒だったろうか。米や雑穀などから作り、すこし酸味のある酒で、いまの濁酒（どぶろく）のようだったとされる。これは本書のテーマではないが、興味をもつ方も多いのではないだろうか。

春秋時代の青銅の「龍耳方壺」を、4匹の龍が守る

戦国時代、龍のアクセサリーが流行

孔子は、周王朝が古代中国の理想社会だと絶賛した。その周（西周）も前七七〇年には外敵のために遷都し、周（東周）は名ばかりの王朝となる。時代は春秋、戦国となり、中国人の思考も行動もにわかに活発となる。百家争鳴、群雄割拠、弱肉強食……どんなに言葉をつらねても、春秋戦国の数百年を形容するには不足であろう。

そんな時代に、龍のことを考えていた者などいただろうか。

答えは「イエス」である。玉製品にも、青銅器にも、どっこい龍の形象を発見することができる。それも新発見があることに、読者は驚かれるだろう。

前五～前三世紀の戦国時代、なんと龍のアクセサリーが登場している。白玉龍形佩である。長さ十・四センチ、高さ四・七センチの龍は、厚さがわずか四ミリである。白玉ではあるが、いくらか肌色をしており、黒ずんだ部分もある。

頭はさほど大きくなく、口をあけ下顎をひいている様子は、なかなか貫禄がある。目も細い線でしっかりと表現している。胴体はS字形にくね曲がり、全体に特徴的な円い文様がある。それは鱗を表現したものであり、蚕紋とよばれる。カイコが丸まった姿をデザイン化したものである。

龍とカイコに、いったい何の関係があるか、といぶかる人もいるだろう。中国人は数千年の昔から、カイコの繭から糸が取れることを知っていた。この絹糸という、思いもかけない財宝をもたらす虫を、一般の虫と区別したのは当然である。

しかも、カイコのなかには突然変異的に巨大なものが現れるという。それは特大の繭をつくることから龍蚕とよばれ、珍重された歴史がある。この龍蚕については、第五章の「斑点(はんてん)をもつ『龍蚕』の脱皮の背景」で詳しく紹介する（一九七頁参照）。

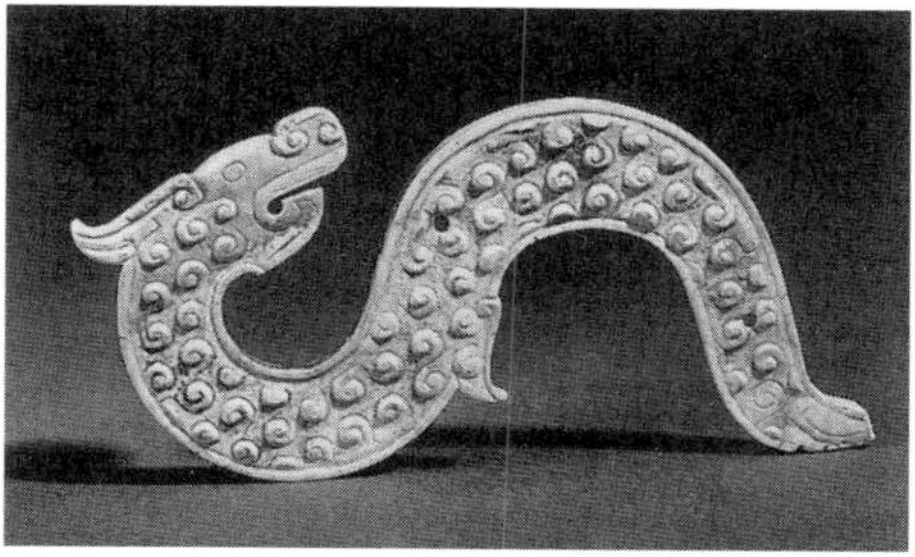

「音のアクセサリー」龍は、戦国時代に流行した

話を「龍の形をした佩」にもどそう。背中の中央あたりに、わずかに鰭(ひれ)が出ている。胴はそこから大きく上にそりあがり、頭よりも高くなっている。その後は、しだいに細くなり尾までつづく。全体としては、空中を飛ぶ龍が、ふと後ろをふり返ったとでもいう造形である。この精緻(せいち)な細工は、両面とも同じである。

最も注目すべきことは、この玉製の龍が「佩」とよばれるアクセサリーであることだ。その証拠は、龍の胴のほぼ中央と尾の部分にある小さな穴である。この二つの穴に細いひもを通し、腰からぶら下げたのである。佩玉という。中国最古の文学である『詩経』「秦(しん)風」に、

玉を佩びて将々たり

とある。腰につけた玉が触れあいサラサラと上品な音をたてている、と描写している。「秦風」とは、秦の国の詩である。小国だった秦は第三十一代の王の政（始皇帝）の時、戦国の群雄を滅ぼして、全中国を統一する（前二二一年）。そんな当時、佩玉は音響効果をもつ超高級なアクセサリーだった。この白玉の龍を身につけたのは、戦国時代のどの国の王だったろうか。

最古の字典『説文解字』にみる龍

中国の文字の歴史は、いかにも古い。いまから約六千年前の仰韶文化の時代、陶器に描かれた絵文字（陶文）が現れた。いまから三千数百年前の殷代、すでに甲骨文字が現れている。それが大胆な捨象と抽象を経て金文になったのは、今から三千年も昔のことだった。

伝説によれば、文字を発明したのは蒼頡だという。その蒼頡は、龍とも大いに関係のある黄帝の臣下であり、四つの目をもっていた。この四つ目の蒼頡がトリや動物の足跡をヒントにして、文字を創始したというのである。

文字の創造は大きな文化事業である。それは一人の天才のインスピレーションというよりは、長い歳月にわたる多数の人々の努力の結晶であろう。その証拠には、秦の始皇帝による統一（前二二一年）までは、中国の各地にそれぞれの文字があったのである。文字を標準化したのは、秦の宰相の李斯である。

だが、中国最初の字典である『説文解字』は、漢代の学者である許慎の独力の作品である。それは漢字の歴史を考察し、その変遷を整理して、全十五巻に著したものである。紀元一〇〇年のことだった。

この『説文解字』には約一万の親字があり、現在にいたるまで漢字研究の基本的な文献となっている。龍の字は第十一巻にある。それは以下のようである。

　龍は、鱗虫の長にして、能く幽く能く明るく、能く細く能く巨きく、能く短く能く長く、春分には天に登り、秋分には淵に潜む……

蒼頡（『君臣図像』より）

龍という字そのものは、甲骨文字の龍と、昇ることを意味する童から構成されている。それは天に登ることのできる霊獣のことである。

それにしても変幻自在な龍であり、天空と地上を自由に往来する。明暗、大小、巨細のいずれも自由自在である。字典の書き出しにもあるように、龍はウロコをもつもの（虫、動物）の王者なのである。

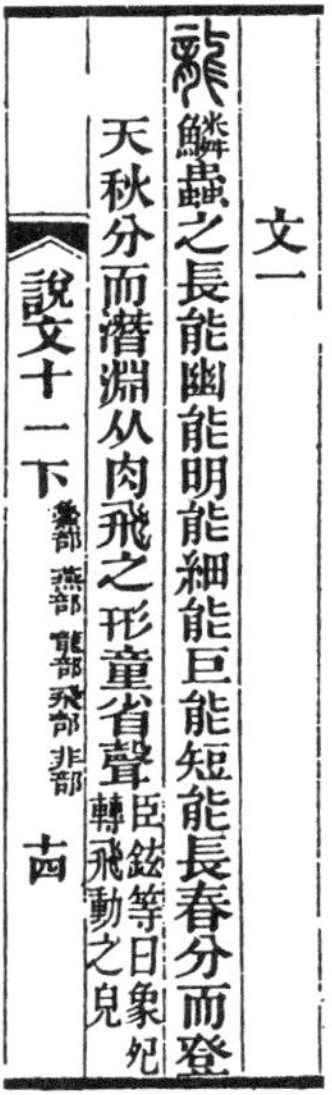
文一

龍 鱗蟲之長能幽能明能細能巨能短能長春分而登天秋分而潛淵从肉飛之形童省聲臣鉉等曰象宛轉飛動之皃

〈説文十一下〉 十四

中国最古の字典『説文解字』は、1900年前の後漢に成書　そこでは龍の特徴を簡潔に表現している

春になれば、天にあって雨を降らせ、秋からは水中に深くひそむという龍である。これは雨を管理するとされる龍の理想的な姿である。ただ往々にして、理想と現実の間には一定の距離があるものだ。

紀元をはさむ前漢と後漢の約四百年間、中国は空前の全盛期をむかえた。武帝（ぶてい）は西域の経営にのりだし、シルクロードの基礎を築いた。漢代では、文化のレベルも高かった。甲骨文字から変化してきた文字が「漢の文字」（漢字）とよばれるのも、故なしとしない。

漢代の龍は、すでに述べたように（一五頁参照）、きわめて政治的な存在となっている。それは皇帝の権力を絶対化するために利用された一面がある。このことを考えれば、許慎の『説文解字』の龍は、冷静かつ客観的に表現されたものといえる。

ちなみに右の図版の龍の字体は篆字（てんじ）である。これも秦の李斯が定めた字体である。秦の統一とそれに続く文字の標準化により、歴史上から姿を消した文字も少なくないのである。

漢代、ほぼ完成した龍の全体像は

龍という文字が、秦(しん)から漢にかけて定まったことは、前項で述べたとおりである。龍のイメージ（像）もまた、次頁の図版にあるように、漢代にほぼ完成していたのである。この龍は、漢代の画像石（レリーフ）からとった拓本である。

この時代、石に浅く像を彫りつける芸術が流行した。山東省や四川省の画像石がよく保存され、また拓本にとられている。そこには、二千年前の漢代の人たちの物質生活や精神文化が、きわめて具体的に表現されていて、非常に興味ぶかい。

この画像石の龍は、それにしても頭が大きい。これは殷(いん)代からの伝統ではあるが、漢代の龍は大きく口を開き、目は丸く大きく、長い舌を出している。二本の角は細く、長い。首もまた細く、長い。胴体は太く長く、力強く曲がっていて、大蛇を思わせる。

胴の全体にある円い斑点(はんてん)は「ウロコをもつものの王者」たる龍を示している。四本の太い脚のつけ根は、胴ほども太く、その先端は軟らかく丸まっている。これは虎の柔軟な脚を思わせるに十分である。尾は長く、その先が丸まり、あたりを払っているようだ。

漢代の龍は、皇帝をふくむ支配者たちの身辺をことごとく飾っている。衣装、金銀器、玉器、青銅器、漆器、印鑑、銅鏡、墓室、瓦当(がとう)などで、枚挙にいとまがない。

「変異」もまた漢代の龍の特徴である。変異とは、龍の頭ないし胴の部分に、人間の像をあてるものである。人首龍身（蛇身）という。

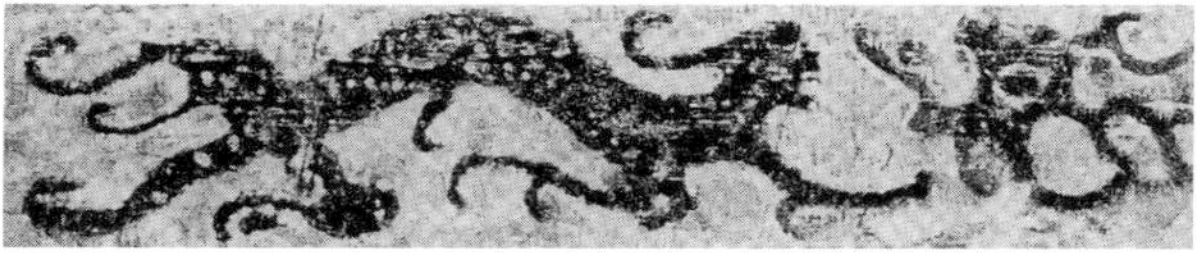

2000年前の漢代に、ほぼ現在のイメージの龍が完成した（『魯迅蔵漢画像』）

湖南省の馬王堆（マーワントエ）（まおうたい）から、漢代の豪族の墓が出土したのは一九七二年のことだった。それは中国の考古学の大きな成果であり、世界を仰天させるものだった。この墓からは、墓の主のまだ生気を感じさせる女性ミイラのほか、大勢の人たちが気功をしている図や、重さがわずか五十グラムの絹の衣など、大量の副葬品が出土した。その衣には精巧な「人首蛇身」の絵柄があった。変異であることは言うまでもない。後漢の学者である王符（おうふ）は、学問を好み、世俗をきらったことで有名である。彼が、龍について展開した九似説がある。「頭はラクダに、目は鬼に、角はシカに、首はヘビに、腹はミズチに、ウロコは魚に、爪（つめ）はタカに、脚はトラに、耳はウシに、龍はそれぞれ似ている」と。

これが龍に関する「定説」として、いまもよく引用される。

漢は唐とともに、中国史上の全盛期である。その漢代に定められた龍のイメージは、やはり中華民族の美意識を、みごとに体現したものである。九つの類似した部分の内容はともかくとして、龍の体の曲がり方と、その流れるような形象は、天地万物の変化のダイナミズムを全体的に表現したものといえそうだ。

図版の龍は『魯迅(ろじん)蔵漢画像』(上海(シャンハイ)人民美術出版社、一九八六年)から引用した。この本は魯迅のひとり息子で、北京(ペキン)に在住の周海嬰(チョウハイイン)氏から直接いただいたものである。中国の近代文学の巨匠である魯迅は、生前、こうした古美術にも深い関心をもち、数多くの拓本を収集していたのだった。魯迅が生まれた紹興は、水郷の街、紀元第八～五世紀の春秋時代、越の国の都だった。

龍の九匹の子供と、その役割は

龍はいったい、どこから来たのか? という素朴な疑問がある。龍は、皇帝のシンボルであるとし、龍を、力強さの象徴であるとする。だが、その龍はどこから、どのようにして生まれたのか。中国の古典はこれについて、あまり親切な説明はしてくれない。

「水が積もって川となり、龍や蛟(みずち)が生まれる」とするのは『荀子(じゅんし)』である。荀子は前三世紀、戦国時代の思想家であり、性悪説の立場をとった。

「夏(か)の時に、龍は太廟(たいびょう)より生まれる」とするのは『抱朴子(ほうぼくし)』である。その著者は葛洪(かっこう)という道士であり、太廟とは祖先を祭る建物のことだ。

このように、龍がどのように、どこから誕生するかは、分かったようで、分からない。ただ、龍の子については、かなり有力な材料があった。明代、文人の楊慎(ようしん)の著した『升庵外集』である。「俗説では、龍は九つの子を生む。それは龍の形をなさないが、それぞれに好

龍のドア・ノブの椒図（張大千記念館）

むところ（役割）がある」として、以下のように解説している。

一番目は贔屓といい、形はカメに似ており、重いものを負うことを好む。いまは碑のしたの趺となる。

二番目は螭吻といい、形はケモノに似ており、遠くを望むことを好む。いまは屋上の獣頭となる。

三番目は蒲牢といい、形は龍に似て、吼えることを好む。いまは鐘のうえの紐となる。

四番目は狴犴といい、形はトラに似ていて、きわめて威圧的である。それゆえつねに獄門に立てる。

五番目は饕餮といい、形は獣に似て、いたく飲食を好む。そのため鼎のふたに立てる。

六番目は𧈢蝮といい、形は怪魚に似ており、はなはだしく水を好む。それゆえつねに橋の柱に立てる。

七番目は睚眦といい、形は龍に似ており、殺すことを好む。それゆえ刀の環に立てる。

八番目は狻猊といい、形は獅子に似ており、きわめて煙や火を好む。それゆえつねに香炉に立てる。

九番目は椒図（しょうず）といい、形は大カエルないしタニシに似て、閉じることを好む。それゆえ門の舗（ドア・ノブ）に立てる。

これらの龍の九つの子は、いずれも高貴な存在で、瑞祥（ずいしょう）を意味する。しかも、親の威光というわけでもないが、邪を退けて、安全をたもつ役目をするという。

一番目の贔屓に、アッと驚かれた読者もあるだろう。それが、すでに日本語になっているからである。自分の好きな相撲の力士や、野球のチームの「ヒイキ」である。勝っても負けても、たとえ弱くてもいい。「重さに耐えて」声援してくれるのが、ヒイキである。

九番目の椒図（前頁図版）は、その字はともかく、中国でよく見かける伝統的なドア・ノブである。金属製であり、これをカタカタと鳴らして、来訪をつげる。

農耕社会で、雨を管理する龍王様

漢代の大学者である許慎（きょしん）により、龍は、「春分には天に登り、秋分には淵（ふち）に潜む」とされた。天とは、中国人にとり、万能の天帝のおわす神聖な場所である。どうやら龍は、そこへ自由に出入りできる頼もしい存在であるようだ。

殷（いん）代の王たちは甲骨文字により、しきりに天帝の意を推しはかろうとした（四六頁参照）。同時に彼らは、瓏（ろう）と呼ばれる玉器を用いて、雨乞（あまご）いをしている。瓏には、龍の紋が刻まれていた。殷の人たちは、日でりに苦しめば、その玉製の瓏を用いて祈ったという。

中国大陸で農耕が始められたのは、今から約八千年前のこととされる。それまでの狩猟や漁労は、自然の恵みをいただく生活である。だが、農耕は人間が自然に働きかける営みである。天から降る雨の量によって、農業の結果は大きく左右される。

雨乞いといえば、すぐに思いだされるのが土龍である。日でりで乾ききった土に水をかけ、泥をこねる。この泥で素朴な土の龍をこしらえる。この土龍に向かって、雨乞いをするのである。旱魃に苦しむ時、雨を願い求める気持ちには、王侯や庶民の区別はない。

八世紀の唐代になると、雨乞い専用の龍の絵が登場する。玄宗皇帝の御世のこと、都の長安の一帯は大旱魃になった。各地で雨乞いの祈禱をさせたが、何の効果もなかった。この時、誰いうともなく馮紹政のことが話題になった。

馮紹政は宮廷画家であり、龍だけを画くことで知られていた。それ以外は画こうとしない。彼は命じられるままに、皇宮内にある龍池のわきの建物に龍を画くことにした。四方の壁に一匹ずつ、計四匹の龍である。下絵を終え、色付けの段階になった時のことである。

不思議なことに、彼の絵筆の動きとともに、雲が生じるではないか。龍のウロコや爪の部分が湿り気を帯びてきた。突然、まだ完成していない龍が壁から跳びだし、池のなかへザンブと飛びこんだ。間もなく大雨が降りだし、長安一帯の旱魃は解決した……。

唐代の『明皇雑録』にあるこの物語は、文学的な潤色がいささか強すぎるだろう。それは農業がいかに雨を必要とするか、いかに龍に期待したかを示している。日本人は二十世紀の最後の十年間で、百年に一回という大冷害と、百年に一回という大旱魃を経験した。農業と気候の関係は永遠のテーマである。

玉の瓏であれ、土の龍であれ、絵の龍であれ、人間の祈祟の対象となったものは「神」である。旱魃の時に、雨をもたらしてくれる可能性をもつ神である。人びとはそうした龍を、敬意をこめて、龍王と呼ぶようになった。龍王にまつわる民間の伝説や故事は、日本でも、中国でも、それこそ山ほどもある。

左図の龍王は、雲南省の民間につたわる版画である。素朴そのものだ。一匹の龍のうえに人間がのり、周囲に動物とおぼしき従者がいる。龍王の形象はまさに多様であり、龍の顔をした人間像もある。それは、中国の各地で各種のスタイルの雨乞いが行われたことの証拠であろう。

版画の素朴な龍王（雲南省）

黄龍は天下太平のシンボルである

黄龍とは、黄色い龍のことである。この色をした龍について、その意味をすこし考えてみたい。次頁の図版が黄龍であり、清朝の第六代の乾隆(けんりゅう)皇帝の袍(ほう)の胸を飾ったものである。

正面を見すえた龍は、角と歯、それに目が白く、

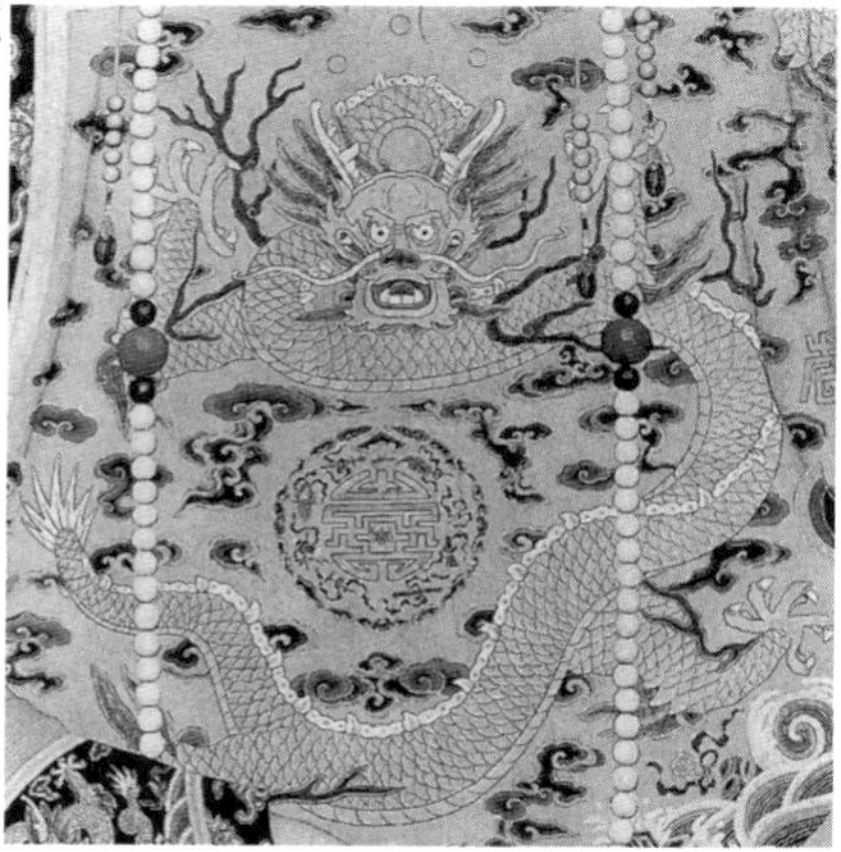

清の乾隆帝（1799年没）の胸を飾る迫力ある龍のデザイン

耳と口の中、それに鼻の頭が赤い。それ以外の顔、胴、脚はすべて黄色である。皇帝の衣装のことを龍袍というが、乾隆帝の龍袍そのものが、黄色なのである。龍袍の黄色は濃く、龍の黄色はやや淡い。その見事な色のコントラストを、読者にお見せできないことを残念に思う。

黄色は、高貴な色である。それは大地の色であり、黄河の色でもある。中華の文明のシンボルカラーは、黄色なのである。中国の歴史は、伝説上の黄帝から始まるとされる。北京にある故宮の屋根は、黄瑠璃瓦でふかれている。その瓦の色は皇帝の独占物であり、下じもの者が使用することは絶対に許されなかった。

龍と皇帝の関係はすでに触れたが、要するに、龍は皇権のシンボルなのである。黄色の龍が皇帝の胸を飾るのには、やはり理由がある。龍はもともと麒麟などとともに、瑞獣なのである。瑞獣とは、非常に喜ばしいことがある場合、天がそれに感じて、地上にくだす吉祥の霊獣のことである。

例えば、伝説上の伏義の時代のことである。黄河のなかから一匹の龍の頭をした馬が現れ、その背にはつむじのような形の図があったという。これが河図であり、易のもとになった貴重な図案である。

やはり伝説上の禹の時代のこと。禹は南方での治水に励んでいたが、大きな河に行く手をはばまれ、すっかり困ってしまった。そこへどこからともなく黄龍が舟をひいて現れ、禹を渡してくれた。やがて禹は黄河の治水にも成功し、夏王朝を創始したのだった。

こうした神話や伝説のほかに、伝統的な色と方位の関係がある。それもまた、黄龍に特別の意味をあたえている。中国人の考え方によれば、

東＝青（青いリュウ、青龍ないし蒼龍）
南＝赤（赤いトリ、朱雀）
西＝白（白いトラ、白虎）
北＝黒（黒いヘビのまきついたカメ、玄武）

が方位と色の関係である。（　）内は、その方位の守り神である。

こうした四つの方位は、ある中心から見たものである。別のいい方をすれば、四方の神が守ろうとしているのは、一つの中心なのである。この中心と四つの方位を、五行では次のように関係づけている。

東＝木（もく）　南＝火（か）　中央＝土（ど）　西＝金（こん）　北＝水（すい）

このように整理すれば、一目瞭然である。動物も植物も、「土」を離れては生存できないし、水がなくては育たない。その土は黄色であり、五行の中心にあって、全てを統括している。その土色（黄色）をしており、水のある所を棲み家（すみか）とする龍、すなわち黄龍を天下太平のシンボルと位置づけたのである。すなわち黄龍は、もともと瑞祥の霊獣であった。それを一歩進めて、黄龍をさらに理想化したのである。

東の守り神である青龍と天体観測

前項では黄龍に触れて、青龍のことも書いた。東方の色は青であり、その守り神が青龍である。この青龍について、すこし考えてみたい。青龍は、天体との関連がありそうだ。

次頁の図版の青龍は、漢代の瓦当（がとう）の拓本である。軒さきの丸瓦（まるがわら）に刻まれた青龍は、一つの珠（たま）をもてあそびながら、躍動しているかのようである。今から二千年以上の昔、漢代の芸術はかくも高いレベルにあった。瓦当や石の彫刻にそれを知ることができる。美術史では、動物の形象が特徴的であることから、漢代を「動物時代」と呼ぶことがある。

ところで、人類は有史このかた、天体をよく観察してきたようだ。一日のリズムを刻む太陽と、一ヵ月のインターバルを決める月は、大きくて分かりやすい。だが、夜空にきらめく星はあまりに小さく、その数はあまりに多い。

古人たちは根気づよく、星を観察したようだ。砂ほどもある星には一定の動きがある。形よくならんでいる星や、ひときわ大きな星を中心とした複数の星があれば、そこにイメージをふくらませて、動物や英雄の像を描いたりした。いわゆる星座である。これは東洋も西洋も同じである。例えば、中国と日本では、星座の名前が次のように対応する。

室女座＝おとめ座　天秤（てんしょう）座＝てんびん座
天蠍（てんかつ）座＝さそり座　人馬座＝いて座

そして、これらの星座のあるあたりが、東の守り神である青龍が支配する天空なのである。

漢代の瓦を飾る青龍は、東方の守り神

中国古代の天文学は非常に発達していた。地球から見て、太陽が地球を中心にして運行するように見える軌道がある。黄道という。この黄道にそって、天球を二十八に分け、それぞれの場所に星座を一つ作る。星座のことを、古代では、星宿といい、その全体を二十八宿と呼んだのである。

東方には、すなわち青龍の守る範囲には、古代の天文学でいう「角（かく）」「心（しん）」など七つの星宿がある。以下に、それらの日本語のよび名とともに、簡単に解説する。

まず、おとめ座であるが、その首星がスピカである。そのスピカを中心とした部分が角であり、日本語では、「すぼし」という。

その東部が亢（こう）であり、日本語では「あみぼし」という。

てんびん座が、氐（てい）であり、日本語では「ともぼし」という。

さそり座は、首星のアンタレスを中心にして、その名のように長い。赤く輝く一等星のアンタレス付近が、心であり、日本語では「なかごぼし」のこと。

その南東部が尾（び）であり、日本語では「あしたれぼし」。西部が房（ぼう）であり、日本語でいう「そいぼし」のことである。また、いて座を箕（き）といい、日本語の「みぼし」のことである。

さて、人間にとって、一日の始まりは朝である。まず東の空がわずかに青くなる。この微妙な時刻をめぐり、日本と中国でとらえ方が異なる。

日本での一例、

「春は曙。やうやう白くなりゆく、山ぎは少し明りて、紫だちたる雲の細くたなびきたる。」（『枕草子』）をそらんじている読者も多いことだろう。

中国人がこの時の東方の色として「青」を選んだのはよく理解できる。青龍が東方の七つの星座を率いており、天の運行が順調であることは、人間にとっても非常に重要なことである。青龍を蒼龍（そうりゅう）と呼ぶことがある。その色は、東の空が白みかけた状態をより正確に表現しているだろう。

悠久の歴史を歩んできた中国では、考古学の「大発見」が少なくない。龍に関連したものを一つだけ追加しておこう。それは二〇〇二年、洛陽（河南省）に属する偃師（えんし）市の二里頭（にりとう）遺跡から出土した「緑松石（りょくしょうせき）龍形器」である。

その外観からすると、「器」というより、一つの像である。大小約二千個の緑松石（トルコ石）で作られ、全長六十四・五センチ、中央部は四センチ、ひと際大きな部分は明らかに龍の頭である。これは夏（か）（前二〇七〇？～前一六〇〇年？）の貴族の墓から出土したもので、埋葬品というには豪華すぎる「トルコ石の龍」である。

三　龍は、どのように自然界に潜むか

母なる黄河は、暴れ巨龍でもある

龍は、中国の皇帝のシンボルである。黄色は、その皇帝のシンボルカラーである。その黄色は、黄河の色を起源としている。中国大陸を東流する黄河は、全長五千五百キロ、流域面積は七十五万平方キロという規模だ。ちなみに日本の面積は三十八万平方キロ、鹿児島から稚内までは直線で千八百キロである。

　この北方の黄河は、南方の長江（揚子江。全長六千三百キロ、流域面積百八十万平方キロ）とともに、中国文明の生みの親である。中国人はよく黄河を、慈愛にみちた「母なる存在」にたとえる。世界の四大文明のひとつである黄河文明は、この母なる流れと密接な関係にある。

　例えば、「龍体人面の文様」の彩陶をもつ仰韶文化（五三頁参照）、「とぐろを巻く龍」の黒陶をもつ龍山文化（五六頁参照）、「玉製の龍」を愛した婦好の殷（五八頁参照）も、黄河の濁流なくしては存在しなかったろう。

　しかし同時に、その黄河は、巨大な、恐るべき「暴れ龍」にもたとえられた。

黄河の畔にある「母子の像」（甘粛省・蘭州）

毎年、六月から八月にかけて、黄河は上流から中流へ、しだいに水かさを増していく。その中流から下流にかけて生活する民の心には、複雑で、矛盾したものがある。豊穣な土砂と水を運んでくれる黄河ではあるが、時として、一匹の暴れ龍になりかねないからである。

歴史上、黄河は二十六回にわたって河道を変えている。その度ごとに、どれほど多くの人命が、あの黄色い濁流にのみこまれたことか。現在、渤海（ぼっかい）にそそぐ黄河の河口は、山東省の東営市にある。十九世紀初めから二十世紀の中葉まで、黄河の河口は、六回も場所を変えている。その跡は、あたかも渤海に向けて、幅約百キロの大きさの扇を広げたかのようである。

ところで中華人民共和国ができたのは、一九四九年十月である。それから今日までの半世紀の間、黄河はただの一度も重大な氾濫（はんらん）を起こしたことがない。

禹（う）の伝説にもあるように、中国では「水を治めた者」が天下を治める。父（鯀（こん））の遺志をついだ禹は、数十年の集団的な努力により、治水に成功した。彼はまたヘビ（龍）をトーテムとした血族集団の最高指導者でもあったのだ。

北方の中国を代表する黄河文明は、こうした大自然を相手とした闘争の軌跡ともいえる。

黄河は、山西省と陝西省との省境を流れくだり、河南省の三門峡あたりから、大河としての風格を持つようになる。河南の省都は鄭州である。その鄭州の中心地に、黄河展覧館がある。黄河をテーマとした中国での唯一の展覧館である。

源流（青海省）から河口までの落差は四千四百八十四メートル。その間にある主要なダムだけでも七ヵ所。一年間で鄭州の揚水ステーションにたまる土砂は、高さと幅を各一メートルに換算して、地球を二十七周する……。

こうした説明を聞き、手ぎわよく作られた模型やパネルを見ていて、実感することがある。やはり黄河は、中国の文明と人民をはぐくんだ母であると同時に、厳しい試練をも課してくる一匹の黄色い暴れ龍である、と。

万里の長城は、六千キロの巨龍だ

黄河が、「黄色の龍」であるならば、万里の長城はさしずめ「蒼い龍」だろう。中国には、黄河や長城をテーマとした成句がいくつもある。

「黄河に到らざれば、心は死なず」――物事を、とことんまでやらずに放棄してはならない、の意である。行動の徹底を強調する。

「長城に到らざれば、好漢にあらず」――男子たるもの、高い目標をさだめ、最後まで努力せよ。毛沢東は一九三五年十月、二年におよぶ長征の途上で、詩「六盤山」をよみ、この「長城に到らざれば」を引用している。

長城とはそもそも、ある国と別の国とをへだてる境界線だった。紀元前三世紀、秦の国の始皇帝の命により、斉の国の徐福は、不死の霊薬をさがしに、東海へと船出したという。筆者は、この数年間というもの、中国における徐福の遺跡をたずねて、取材旅行を繰りかえしている。北は遼寧省から、河北省、山東省、江蘇省、浙江省まで、その範囲は千数百キロにもおよぶ。

「蒼龍」にたとえられる万里の長城（北京・八達嶺）

その途上、斉の国の長城の遺跡を見たのは、いまの山東省でのことだった。麦畑のなかにあり、すでに風化している。その土くれの盛りあがりは、徐福が不老の金丹を錬ったとされる丘へと続いていた。二千数百年前の戦国時代、現在の山東省は、斉の国と魯の国に分かれていた。長城の遺跡はこの両国のボーダーラインだったのである。

人為的な、境界ラインとしての長城なのである。それを歴史的に観察すると、ほとんどが北方への備えとして作られている。漢代の匈奴（きょうど）、元朝の蒙古（もうこ）族、清朝の満州族などは、いずれも北方の少数民族である。漢族は一般的に農耕を主としており、定住型である。これに対し、北方の少数民族たちは遊牧を主としており、移動型である。

農耕と遊牧という二つの生活方式は、自然の条件によって決定される。大まかにいって、長城の北は遊牧の適地であり、その南は農耕の適地である。この立地条件の識別ラインでもある長城は、往々にして、もう一方の側の者によって侵犯された歴史がある。

紀元前の三世紀、それまで国ごとに作られていた長城を一本化した男が現れた。先述した秦の始皇帝である。黒をシンボルカラーとした秦国軍は、燕や楚など戦国の六雄を次つぎと滅ぼし、中国初の統一王朝をうち建てた。紀元前二二一年のことである。

各国の個別の長城を、「万里」へとつなげる大事業が開始された。そのことの意味を、始皇帝は熟知していたであろう。いくらかの歴史的な変遷もあるが、現存する長城はその支脈もいれれば、全長は六千キロ強である。中国の長さの単位である華里は〇・五キロにあたるから、まさに「一万里」以上に相当する構造物である。

月から確認できる、地上唯一の歴史的な建造物という説が流布するほどの長城である。その万里の長城は、現在でも多様な「顔」をみせている。北京（ペキン）郊外では、山脈の峻険（しゅんけん）な稜線（りょうせん）をはう。それは華北一帯での典型的な景観である。山西や寧夏では、黄河に沿って長城がある。甘粛では、砂漠のただ中を長城が走る。

二十世紀の初頭、ライト兄弟が飛行機を発明したことにより、万里の長城の軍事的な意味は薄れてしまった。だが、中国大陸を東西に走る一匹の蒼い龍――長城が、中国人の最大の民族的誇りであることに変わりはない。

「万里の長城は、貴重な歴史遺産であり、それを一目見ようと、内外から数えきれない観光客が押しよせます。二十一世紀からの中国が、長城に匹敵する偉業を達成できるかどうか……」

と本音を語ってくれたのは、中国の若いインテリである。

巨龍の東端は、海水を呑む老龍頭

万里の長城が一匹の「蒼(あお)い龍」であるとしたら、その頭と尾の所在が問題になるだろう。どちらも実は、ある。長城の頭は、河北省の山海関の東にある老龍頭(ラオロントウ)であり、長城の尾は、はるか西のかなたの甘粛省の嘉峪関(かよくかん)である。

四十年ほど前のことだ。長城の資料を集中的に調べたことがある。地図の上で、長城の東の端に「老龍頭」という名前を発見した。ちょっとした驚きだった。当時は、天津にある南開大学の日本語科で教えていた。家族四人ともども、まる二年間の滞在だった。

中国の学期は九月からである。二年目の夏休みに、老龍頭を探るべく海水浴にでかけた。一帯は北戴河（ほくたいが）とよばれる高級リゾートで、まさに「白砂青松」という景観だった。不思議なことに、天津から同行した中国人が、相当なもの知りなのだが、老龍頭を知らなかった。

かくなる上は、自力でやるのみだ。バスの終点から見当をつけ、農民に道を聞きながら、炎天下、ときには畑のなかをドンドン歩いた。子供たちの不平は、古色蒼然（そうぜん）とした断崖（だんがい）のような老龍頭を目のまえにすると、ピタリとやんだ。

海岸から二十メートルほど離れた場所に、高さ約十五メートル、断崖絶壁ともいうべき蒼龍の頭――老龍頭があった。

その後、再び老龍頭を訪れたのは、一九九三年のことだった。東北地方から、列車で、北京（ペキン）へ帰る途中でのことだった。アッと驚くほどの変化だった。一帯はすっかり整備され、道路もすぐ近くまで通じているではないか。それよりも何よりも、長城の東端、すなわち老龍頭が、海のなかまで突きだしているではないか。

解説書によれば、老龍頭の本来の姿は、修復された今日のようであったという。前回の、あの断崖絶壁の老龍頭は、荒れるにまかせた「仮の姿」だったのである。現在の、本来の面目をとりもどした老龍頭は、見ようによっては、あたかも一匹の蒼龍が首を渤海（ぼっかい）につっこみ、その水を呑（の）みほさんとしている姿のようでもある。

長城の本来の目的は、すでに述べたように、軍事にある。それは要衝にある関所をつないで、六千キロ強にも延びており、長大な軍事ラインである。老龍頭のすぐ西にある山海関は、その重要性から「天下第一関」の異名をもつ。そこは中国の中央部と東北部との間にあり、まさに「要害の地」なのである。

十七世紀の明末、山海関の守備についていたのは明の武将の呉三桂（ごさんけい）である。彼は北方から攻めくだる清軍の優位を見てとると、ただちに降伏したばかりでなく、清軍を北京へと導いたのだった。これを機に、明朝は一気に崩壊した。この呉三桂に対しては、きわめて厳しい歴史的な評価が下されている。

長城の東端「老龍頭」は渤海の中に（河北省・山海関）

ところで、長城にまつわる話は、それこそ尽きることがないだろう。この老龍頭あたりでは、一番有名なのが、孟姜女（もうきょうじょ）の伝説である。秦（しん）の始皇帝（しこうてい）は、万里の長城を修築するために、大量の労働力を動員した。その陰で、どれほど多くの女たちが涙を流したことか。

江南に住む孟姜女もその一人である。彼女は、夫の帰りを待ちわび、北の方を望みながら、ついには石になったという説もある。それが、望夫石である。また一説では、帰らぬ夫を悲しみ、彼女がはげしく泣くと、長城が壊れ、そこから夫の遺骸が現れたともいう。

巨龍の西端は、端麗な尾の嘉峪関

一匹の「蒼い龍」である万里の長城には、東の端の「頭」にあたる老龍頭から、西の「尾」にあたる嘉峪関、さらにその先まで、いくつもの軍事ポイントとしての関所がある。その代表的なものは、前項で紹介した「天下第一関」の山海関であるが、ほかにも以下のような有名な長城の関所がある。

黄崖関――天津の北にあり、峻険な山の稜線を長城が走る。

居庸関――北京の北にあり、観光客に一番親しまれている長城。

平型関――山西省の太行山中にあり、一九三七（昭和十二）年に板垣征四郎の率いる「無敵皇軍」が、ここで林彪の率いる八路軍に大敗した。

玉門関――甘粛省の敦煌の北にあり、唐の王之渙は「春風わたらず玉門関」と詠む。

陽　関――敦煌の南、唐の王維は「西のかた陽関を出ずれば故人なからん」と詠む。

これらの要衝の関所をつなぐ軍事ラインが、万里の長城である。ポイントとしての関所やラインとしての長城は、すさまじい風化のなかにある。残念なことに、嘉峪関よりもさらに西にある玉門関や陽関は、すでに高さ数メートルの土盛りにすぎない。

そうした長城の遺跡に立ち、目を細めて、遠くを見やる。かつての日、黒い狼煙（のろし）が碧（あお）い空にたち昇ったことであろう。それは狼煙台を一つまた一つと伝えられて、辺境から街へ、そして都へと、緊急情報をリレーした。現地では守備隊があわただしく動き、一帯は緊張し、都では緊急の軍事会議が開かれたことだろう。

そんな歴史の感傷をふき飛ばすのが、人口三十万の鉄鋼都市の嘉峪関市である。甘粛では、黄河の西側を河西とよぶ。嘉峪関市は、その河西回廊のほぼ中央にある。五〇年代の都市建設からすでに四十年が過ぎさった。オアシスの「鉄都」嘉峪関市を、高いポプラ並木が取りかこみ、そこを「緑の長城」とよぶ人もいる。

閑話休題。わが嘉峪関に話をもどそう。オアシスの鉄都の西十キロに、軍事ポイントとしての嘉峪関がある。万里の長城の最も西の端に現存する関所であり、別名を「天下第一雄関」という。東の端の山海関の別名にくらべ、こちらは「雄」の一字が多い。それはそれは端麗な正方形の城関で

長城の西端「嘉峪関」は端麗そのもの　砂漠のただ中にある（甘粛省）

あり、高さは約十二メートル。建築は意外におそく、十四世紀の明代である。その後も増築があり、完成したのは、十七世紀になってからだった。

荒涼とした砂漠のただ中に、ポツンとある嘉峪関。その楼上に立つと、東と西に開ける砂漠、北と南からせまる山脈が、ほんとうに手に取るようだ。南側の祁連山脈は、八月の炎天下に銀嶺をいただいており、まさに壮観だ。その祁連の南は青海省であり、チベット世界が開ける。

この嘉峪関は、やはり長城の尾であることを実感する。シルクロードのかなたの西域は、もう少し西にいけば、そこはもう新疆ウイグルの世界となる。砂漠のなかに孤立する関所に、どんな軍事的な意味があるだろうか。それは長城を築き、長城を連結しつづけてきた漢族にとって、「有終の美」を意味するものではなかろうか。

嘉峪関の内部には、魏晋時代（三〜四世紀）の壁画が展示されていて、一見の価値がある。遊牧、農耕、養蚕など、当時の生活をリアルに描いているからである。

龍門では、黄河の激流が流れ下る

黄河と中国の古代文明の関係は、すでに本章の冒頭でのべた。黄河は、中国および中国人にとって、優しい「母」であり、揺り籃であるが、ときに試練を課す「暴れ龍」でもある。

これからは、中国の地図に記された「龍門」について語ろう。最初は、黄河の中流域にある龍門（ロンメン）についてである。

日本の河川は一般に、直線的に流れるものが多い。列島の中央部に山脈があり、四方が海であれば、それは当然のことで、くねくねと蛇行して流れるものは、むしろ例外である。

それに比べて黄河は、源流から河口までの五千五百キロで、三回、直角に曲がっている。内モンゴルの上流域で二回、陝西（せんせい）・山西・河南の省境で一回。それを上空から見れば、北斗七星のヒシャクの部分に似ているだろう。龍門は、黄河が三回目に曲がる手前、約百キロにある。

ここ龍門を鯉が登れば……（山西と陝西の省境）

そこは東の山西省と西の陝西省との間にあたり、北から流れくだる黄河が省境をなしている。黄河は両岸の黄土をけずるように、激しく流れる。

龍門の北三十キロでは、黄河そのものが一本の滝となっている。その光景が、ちょうど壺（つぼ）のなかに流れこむかのようであり、壺口（ここう）の滝とよばれている。すでに三千キロ以上を流れてきた黄河が、いよいよ河幅をまし、中流域に達したことの証でもある。

龍門は、黄河が上流から中流に変わる決定的な場所といえる。そこをもし、下流から見たとしよう。龍門までは、方法しだいで、舟なりで近づくことは可能であろう。しかし、黄河が轟音をたてて流れくだる龍門ばかりは、そこを越すことなど、絶望的というものだ。

そこはいかにも、「龍のゲート（門）」にふさわしい光景である。

龍門の一部に禹門口がある。そこでは黄河の流れが極端にせまくなっている。伝説によれば、夏朝の始祖である禹が、巨大な斧でここをうがち、黄河の水を南へと流したという。龍門をうがつ、という治水の苦労話は、このあたりを舞台としたものであろう。

龍門の東側、山西省に龍門山がある。一帯には黄河の治水にはげんだ禹の伝説があり、山頂には禹の廟がある。禹のゆかりの地は多い。各地の禹廟をはじめ、鄭州の禹王台、紹興の大禹陵など、数えきれないほどである。

余談になるが、黄河が河南省にはいって間もなく、三門峡にさしかかる。三門とは、神門、人門、鬼門のことである。そこでは、黄河は三筋にわかれた峡谷となっていた。いずれも危険な水域だが、古来、鬼門にだけは絶対に船を進めてはならない、とされた。その三門峡にダムが作られたのは、一九五七年のこと。

最後になったが、「登龍門」の故事は、この黄河の龍門を舞台としている。激しく流れくだる黄河を、あえて登り、この龍門を越えることができれば、鯉もついに龍になる、と。この故事の背景については、第五章で触れることにする。

洛陽の龍門に、九朝の芸術が咲く

二つ目の龍門は、河南省の洛陽にある。洛陽は北に邙山をのぞみ、南に洛河が流れる。すでに三千年の昔、周代の都が置かれていた場所である。その後も、歴代の都となったことから、「九朝の古都」とも呼ばれる。

さて、龍門は洛陽の市街の南十三キロにある。洛河にかかる洛陽橋をわたり、のどかな田園風景のなか、龍門路を南へとむかう。バスにのれば、その終点が龍門である。そこには伊河が流れ、その清流を挟むようにして、なだらかな東山と西山がのびる。

中国には、仏教芸術の宝庫ともいうべき、三大石窟がある。莫高窟は甘粛省の敦煌、雲岡石窟は山西省の大同、そして洛陽の龍門石窟である。いずれ劣らぬ芸術である。敦煌は天井や壁の絵画に、雲岡や龍門は石仏に傑作があるといえる。

龍門の石窟の造営が始められたのは、五世紀末（四九四年）のことである。洛陽に遷都した北魏の孝文帝は、北方系の少数民族であった。彼の政策の特徴は、漢化の一語につきる。自らの民族衣装である胡服を着ることを禁じ、漢族との通婚を奨励し、漢人のように改姓することをおし進めたのである。仏教の振興や寺院の造営も、その一環であった。

現在の龍門には、十万以上の石仏と千三百以上の石窟が保存されている。次頁の写真は、奉先寺跡の石仏で、高さ十七メートル。龍門でも最大の石仏であり、遊客の足を止めずにはおかないだろう。ちなみに最小の石仏は、岩山に一面に刻まれたもので、わずか三センチに

龍門には10万もの石仏がある（河南省・洛陽）

すぎない。

一帯の山腹に、かつては寺院が林立していたという。十万以上の石仏は、今日のように露出していた訳では決してない。屋根があり、柱があって、そこは宗教活動の場所だったのである。思うに、当時、そこには線香の煙がたちこめ、ロウソクには火がともされていたことだろう。無数の老若男女が参拝にきたに違いない。仏像たちは、その一番奥まったところ、屋根の下に鎮座していたはずである。

この龍門の石窟の造営は、五世紀の北魏から十世紀の唐末まで、じつに四百年にわたって継続された。それは宗教の霊場としての建設であると同時に、王朝によって引きつがれた文化事業でもあった。そうした文化遺産は、すでに風化したものもあり、十九世紀になって海外に流出した部分もある。現存する龍門の石窟群のなかでは、古陽洞や蓮花洞（れんげどう）などに見るべき石仏がある。

それ以外に、龍門の石窟の特徴としてあげられるのが、書道や医学の方面の作品である。

初唐の三大書家のひとり褚遂良の筆になる碑文などがある。薬方洞はまた、医学関係者から注目されている。その理由は、この洞の壁に、北魏から唐代までの歴代の名医の処方が刻まれているからである。

これら龍門の石に刻まれた芸術や学術は、九朝の古都の精華ともいうべき作品である。いずれも千年以上の風雪に耐えて今日に伝えられたものである。そのより一層の完璧な保護を願うのは、筆者ひとりではないだろう。

昆明の龍門から、絶景を見おろす

三つ目の龍門は、二十世紀末、「世界園芸博覧会」で日本でも有名になった雲南省、その都の昆明にあり、足もとに天下の絶景を見おろしている。

雲南省は中国の西南にあり、面積は日本とほぼ同じ。ミャンマー、ラオス、ベトナムと国境を接している。山脈と高原が多く、熱帯から寒帯までの植物がはえ、ウンナンゾウなどの貴重な動物がいる。「植物王国」や「動物王国」の別名がある。

都の昆明は海抜千九百メートルにあり、年間の平均気温は十六度である。そこでは夏や冬がなく、いつも春のような気候であることから、「春城」とも呼ばれている。

その春城の西十五キロの郊外に、きわめて風光明媚な湖と山がある。湖は滇池で、広さは琵琶湖の半分ほど。山は西山で、「眠れる美女の山」ともよばれる。その訳は、昆明の方角

龍門から眼下の絶景を見下ろす（雲南省・昆明）

から、確かにそう見えるからである。昆明からの高さは約千メートル。

龍門（ロンメン）は、その西山の頂上近くにある。山すそから龍門まで石の階段があり、その数は千三百三十三段。山肌に刻みつけられた、とでも表現したくなる石段である。この工事は、山頂から鉄のロープで石工を宙づりにして行われ、七十余年の歳月を要したという。ものすごい難工事だったと思われる。

その辛苦の階段をのぼる。途中には、道教の三清閣や、仏教の華亭寺などがある。龍門はどうやら、こうした数かずの宗教建築よりも、「さらに上」の存在であるようだ。何しろ龍門といえば、「龍のゲート」なのだから、それも一理あるというもの。

それにしても龍門からの眺望は、美しい。足の下五百メートルに広がる滇池。それは若草色をし、あたかも春の海のようにキラキラと光り輝いている。優美としか言いようがない。昆明は、「四季これ春」である。思うに、昆明の龍は、黄河の激流にいる龍や、峻厳な崑崙山中にいる龍とは異なり、きわめて温和な性格をしているのではないだろうか。

龍の形象も、やはり環境のなせるわざである。北方の黄河文明の地域では、龍は超自然の存在であり、人知をこえた恐るべき何かであった。

それと比べて、この常春の国である雲南の龍は、むしろ逆の性格を、人びとによって期待されているようだ。これまでの例では、「雨の神の龍」（七五頁参照）や、「太平の黄龍」（七七頁参照）などといった龍である。春城にある龍門には、温顔をした龍こそがふさわしいだろう。

余談になるが、日本で客死した中国の天才的な音楽家の聶耳（一九一二〜三五）の墓が、この西山にある。中国の国歌「義勇軍行進曲」の作曲者でもある聶耳は、日本に亡命中、湘南の鵠沼海岸で誤って水死した。現場近くの海岸に、彼の記念碑がある。

貴州の龍門は、滝のジェット噴射

中国にいったい、龍門がいくつあるのか定かではないが、あの貴州の龍門だけは、四つ目の龍門として、どうしても忘れることはできない。

貴州省は、前項で触れた雲南省の東側にある。その面積は日本の五分の二以上もあるが、残念なことに、日本での知名度はまだまだ低い。そこは雲貴高原の東部にあたり、地勢は西高東低で、全体の平均海抜は約千メートルである。

「飛ぶ鳥も通わず」とは、かつて貴州への交通の不便さを形容したもの。いまでは飛行機、鉄道、車などといった手段もあるが、それでも貴州への交通はまだ便利とはいえない。それは逆に、貴州の山紫水明の自然が、よく保存されていることを意味している。

省都の貴陽の西南百三十七キロに、中国最大の黄果樹（こうかじゅ）の滝がある。そのスケールは、幅が八十一メートル、落差が七十四メートルというものである。まさに「山岳を震撼（しんかん）させる」という風格だ。その付近では、轟音（ごうおん）のために話ができない。また、滝壺（たきつぼ）から吹きあげる水煙のために、雨ガッパが必需品となる。ちなみにナイヤガラの滝の落差は、最大のブライダルベールの滝側の部分で五十五メートルである。

龍門（ロンメン）は、そうした豊かな、大きな水系の一部としてあった。黄果樹の滝を中心とした観光コースで、どうしても通らなければならない「難所」が、龍門なのである。コースの途中の川に龍門があり、幅十数メートルの川を、四角い石の足場をつたいながら、歩いてわたる。龍門はその右側にあり、あたかもジェット機のように、水煙をこちらに噴射してくる。

石の足場には、両側に鉄の鎖の手すりがあるから、安全には問題はない。だが人もカメラも、その水煙をもろに浴びてしまうのだ。前をいく中国人の親子が、その先を断念して、スゴスゴと引きかえしてきた。

こちらは、外国からわざわざ取材に来たのである。カメラのキャップを外し、焦点距離を最大にして、左手でレンズをしっかり押さえる。川をわたる途中で、龍門にむけて二回シャッターを切った。もちろんファインダーをのぞく時間などなく、カンである。

川をわたり終え、メガネやレンズをふく。前後して水煙のなかを通ってきた中国人も、同じように頭や顔をぬぐっている。その表情には、ある種の満足感があった。

さらに川を数十メートルも下った場所に、石の碑があり、大きく「龍門飛瀑（ひばく）」と刻んである。瀑（プー）は、中国語で滝のことで、飛瀑（フェイプー）となれば、飛ぶような滝というほどの意味になる。だが、この記念碑のあたりまで来れば、もう水煙も飛んではこない。

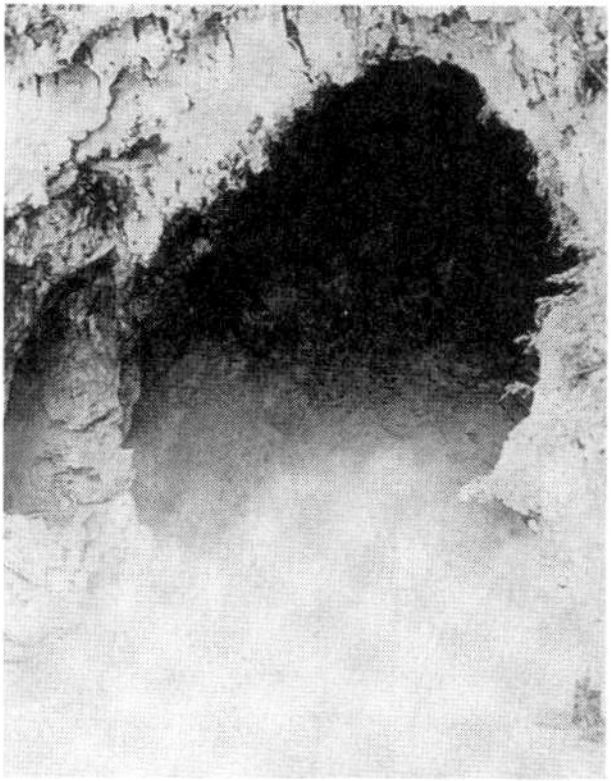

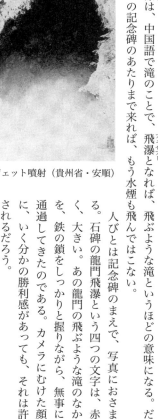

龍門のジェット噴射（貴州省・安順）

人びとは記念碑のまえで、写真におさまる。石碑の龍門飛瀑という四つの文字は、赤く、大きい。あの龍門の飛ぶような滝のなかを、鉄の鎖をしっかりと握りながら、無事に通過してきたのである。カメラにむけた顔に、いく分かの勝利感があっても、それは許されるだろう。

中国人には、全体という観念がかなり強い。ある物事を、より大きな全体を構成する一部として考えるのである。この龍門にしても、例外ではなかった。それは実は、龍の全体像のわずかな一部にすぎないのである。その詳細については、次項で述べることになる。

貴州の龍宮では、地底の舟遊びを

龍門のつぎは、龍宮の話をしたい。貴州の龍門は龍の全体像の一部である、と書いた。そのことを実感したのは、小舟にのって龍宮に遊んだときのことである。

貴州や雲南は、中国でも、多くの少数民族のいる省として知られる。貴州の龍門がある安順の一帯では、プイ族が多い。十人のりの小舟には、舟の前と後ろに、プイ族の若い船頭さんがついた。少しクセのある中国語を話しながら、櫓(ろ)をあやつる。舟つき場は、前日の雨のせいか、いくらか濁っていた。すこし漕(こ)ぎだすと、そこは周囲の山の鬱蒼(うっそう)とした樹木をうつして、美しい緑色となる。

「左が龍門(ロンメン)です」

と船頭さん。そこは洞窟のようであり、下のほうでは「ゴーッ」という大きな音がする。前項で紹介したジェット噴射のような「龍門飛瀑(ひばく)」であるという。

「龍宮(ロンコン)に入ります」

と船頭さん。前方の山すそが水と接するあたりに、ポッカリと大きな穴があいている。まるで魔物が大きな口をあけ、水を飲んでいるかのようだ。

中国の鍾乳洞（しょうにゅうどう）に入ったことは何度もある。桂林（けいりん）の蘆笛岩（ろてきがん）や、北京（ペキン）の雲水洞などは、中国でも有名な鍾乳洞だ。ただそれらは、いわゆる溶洞（ロントン）であり、内部には、水というものがほとんどない。

鍾乳洞の舟遊びをする龍宮（貴州省）

ところが貴州の場合、鍾乳洞の多くは、水洞（ショエトン）とよばれ、水がたっぷりと流れているのである。すなわち、地下を流れる暗流である。その長さは、数キロから十数キロにまで達するという。

龍宮の空間は、思ったよりも大きかった。入り口のあたりでも「頭上注意」の必要はなさそうだ。入ってすぐの内部では、高さが水面から二十メートルはある。ツバメがしきりに飛びかうのは、虫がいるからだろう。

水路がしだいに狭くなり、暗くなる。プイ族の前の船頭さんは、忙しく櫓をあやつり、スピードを殺したり、方向を変えたりする。後ろにいる船頭さんは、周囲をペンライトで照らしながら、解説をはじめた。

「これが羅漢さま」「あれが果物」「むこうは月世界」

……と、この薄暗い鍾乳洞のなかに、無いものは無いというのだ。なかなかユーモラスな解説である。

中国人はほんとうに、命名の達人である。鍾乳洞の内部にある石の柱や突起を、その特徴をよくとらえて名前をつける。そこに反映されているのは、神話や故事など、中国の文化そのものである。龍宮らしさを表現した場所も、少なくないのである。

「龍の臥す湖」「群龍が客を迎える」「五龍が部屋を護る」

「龍女が宮殿に座る」「老龍が宮殿を回る」

などのポイントでは、解説がたくみなこともあって、ほんとうに龍を見たような気になる。この龍宮は、全長五キロの水洞のなかでも、最も精彩のある約八百メートルだという。ツバメが飛んでいた部分は、龍の口であるという。前項の龍門は、なんと、巨大な龍のごく一部であり、水遊びをしている「子龍」だったのである！

ここ貴州では、龍宮も龍門も、カルスト地形のなせる造化の妙である。海洋民族の日本人は、海のなかに龍宮を求めた。高原の貴州の人たちが龍宮を求めたのは、鍾乳洞のなかなのである。

龍宮では、麗しの神仙の世界だが

龍宮の話をつづける。中国の内陸奥ふかく、カルスト地形の貴州省では、豊かな水の流れる鍾乳洞（しょうにゅうどう）があった。そのなかには、小舟にのり遊覧できる龍宮（ロンコン）があった。

日本人ならば、まず浦島太郎のことを思いだすだろう。いじめられている亀を救ってやる。そのご恩返しにと、海のなかにある龍宮に案内される。そこで、美しい乙姫（おとひめ）さまの歓待を受けることになる……。この甘美なストーリーは、日本の子供たちの心に、しっかりと記憶されているはずだ。

この浦島のお話の起源は、日本では、最古の本とされる『古事記』や『日本書紀』である。兄の海幸（うみさち）と、弟の山幸（やまさち）のケンカ話をご記憶の方も多いだろう。それは海岸で主に生活する一族と、山地で主に生活する一族との、ある種の交渉ごとを描いている。不利な立場の弟に、決定的な援助をあたえたのは、海のなかの神であった。

この神話の原型ができたのは、六世紀の大和時代のことである。そこには濃厚な朝鮮や中国の影響があることが、研究者により、早くから指摘されている。

かなたには早くから、不老の、神仙の世界を描いた文学作品があった。朝鮮には「勧酒歌」があり、中国には「遊仙窟（くつ）」などの作品がある。当時の日本には、半島や大陸からきた大量の帰化人がいた。彼らは、文化や技術の面で、圧倒的な優位にたっていたのだ。

中国には古来、龍神の伝説がある。海や大きな池には、神としての「龍」がいると考えられてきた。その龍の一族の住まいが、龍宮なのである。次頁の「龍宮水府図」は、元代の有名な画家の朱君璧（しゅくんへき）の作品である。龍王の一族が出迎えているのは、どうやら外界からきた若

元代に描かれた龍宮の図（朱君璧「龍宮水府図」）

い人間であり、娘さんに用があるらしい。

中国の龍宮伝説でも、龍王はお金持ちであり、その娘さんはやはり美人である。その美しい娘が、人間界の若い男と相思相愛の関係になり……と展開する。ご多分にもれず、父の龍はそれに反対し、母の龍がこっそりと二人のために協力するストーリーだ。

注意すべきことは、この龍宮では時間が止まっていることであろう。そこでの生活は楽しいことばかりである。時間の経過というものがなく、古代の中国人が理想とした「神仙」の、不老の世界なのである。

この神仙という考えは、人びとの素朴な願望をベースとしている。それは中国の春秋時代（前八〜前五世紀）にできたものである。神仙思想が一番盛んだったのは、渤海（ぼっかい）をのぞむ斉（せい）（いまの山東省）や、燕（えん）（いまの河北省）という場所だった。渤海の沿岸では、古来、シンキロウという不思議な現象が知られている。

秦の始皇帝も、漢の武帝も、この神仙思想には深い関心をしめした。始皇帝のために「不老薬」を求めた徐福のことが、二千年以上もたった現在、中国や韓国、日本でも、またぞろ話題となり、人びとから注目されている。

ところで、わが日本の浦島太郎は、乙姫さまの言ったことを忘れてしまう。開けてはならない箱からは、一筋の白い煙がでて……この結末は、昔話の世界のことではあるが、なかなかの傑作といえるだろう。

浦嶋神社には、龍宮城のかけ軸が

沖縄の海に、筆者が最初にもぐったのは、一九七二年の冬のことだった。雪国の新潟で育った感覚からすれば、十二月の沖縄の西表の海は「泳げた」のである。民宿の家の人たちは、「寒いです」と首をすくめていた。だが、サンゴ礁のあいだを、赤や青の熱帯魚が泳ぎまわる光景を目のあたりにして、「龍宮は、あるかも知れない」と思ったものだ。

不明を恥じることになるが、筆者は一九九四年まで、浦島太郎を祭る神社があることを知らなかった。浦島のことは、日本人のひとりとして、子供心に刻まれていた。カメをいじめるな、というのは動物愛護だろう。タイやヒラメの舞う龍宮は、幼ごころにも優美だ。玉手箱からたち上る白い煙は、やはり恐かった。この物語の背景に、常世の考えがあり、神仙思想があることを知ったのは、大学を出てからのことだ。

浦嶋神社の「縁起絵巻」に描かれた龍宮の入り口（京都府・伊根町）

京都府の伊根町に、浦嶋（島）神社はあった。別名、宇良神社（うらのかむやしろ）。祭神は、浦嶋子（うらしまこ）すなわち浦島太郎である。日本海にのぞみ、天の橋立のすこし北にある伊根町は、昔もいまも漁業が盛んである。一階が舟のガレージになっている「舟屋」もまた、有名だ。

この浦嶋神社は、天長二年（八二五）の創始だというから、すでに千年以上の歴史がある。宮司の宮嶋さんのご好意で、浦島太郎のかけ軸を見せてもらった。この「社宝」は、正しくは「浦島明神縁起絵巻」といい、鎌倉後期〜南北朝時代の作品であるという。かけ軸となっている「絵巻」を、文章にすれば、大略、以下のようであろう。

浦島さまは、水の江の浦へ、いつも釣りに出かけます。
ある日、五色の亀が釣れ、不思議なことと思っていると、すでに夢のなか……
美しい姫がいつしか舟にのり、龍宮へと案内されました。
常世では、春夏秋冬、いつも眺めがよく、飽きることがありません。

豪華な御殿では、うるわしい音楽をききながら、楽しい日をおくりました。

花のような乙姫（おとひめ）さまのもてなしに、月日のたつのも忘れていました。

ある日、太郎はふと両親のことを思い出し、帰ることにしました。

乙姫は名残をおしみ、絶対に開けてはならぬと、玉手箱をくれました。

鞨鞁（かつひ）の橋をわたり、この世にもどると、見知らぬ顔、見知らぬ場所ばかりです。

あまりの寂しさに、浦島は、姫との約束を忘れて、玉手箱を開けると……


じつは筆者にとって浦嶋神社への道は、ある種の「ご縁」があった。それは徐福（じょふく）である。徐福は秦（しん）代の道士であり、始皇帝（しこうてい）に派遣されて、不死の霊薬を探しに東海へ船出した、と司（し）馬遷（ばせん）の『史記』にある。中国徐福会の李連慶（リーリエンチン）会長は、元インド大使であり、作家としても著名な方だ。李会長のご案内をして、伊根町を訪れたのだった。

京都の伊根町は、「徐福上陸の地」であり、丹後徐福会の石倉昭重会長らが、李会長を案内してくれた。そんな訳で、浦嶋神社の「社宝」も、至近距離から、拝見させてもらった。ちなみに、伊根の新井崎（にいざき）神社は、やはり徐福ゆかりの場所であり、標柱は李会長の揮毫（きごう）になる。また、伊根町には、大地の「気」のエネルギーがでるとされる龍穴がある。龍穴については、間もなく紹介する。

荒波の打ちよせる海岸から、西に日本海を望むと、沖あいに二つの島がある。カンムリのような冠島と、クツのような沓島（くつじま）である。地元の言い伝えによれば、それは神仙思想を具現しており、再生の場所であるという。

る。

杭州の龍井から、名水が湧きでる

龍宮のある海から、陸へと眼を向けてみよう。地上もやはり、龍の話題でもちきりである。

水と龍との関係には、ただならぬものがある。雨を管理する龍については、すでに第二章「龍王様」で触れた（七五頁参照）。人間は、雨が降らなければ困るし、雨が降りすぎても困る。そのバランスをとるよう、龍にお願いするのである。

ところで水は、天から雨として降るだけではない。地中から、ときに岩の間からも、水が湧きでることがある。地上を川が流れるように、地下ふかくにも水脈がある。それが、ちょっとした気まぐれで、地上に顔をのぞかせることがある。泉だ。

龍井は、「龍の井戸」である。日本の地名にもよくあるこの龍井を、中国で一つだけあげるのは難題である。しかし敢えてすれば、それは杭州の西郊外の風篁嶺にある龍井だろう。杭州は西湖にいだかれた風光の地である。その美しい自然は古くから、蘇州とともに、よく天国にたとえられてきた。そこは江南の文化の中心地でもある。越（杭州のある浙江）や、呉（蘇州のある江蘇）は、古代の日本にすくなからぬ影響をあたえた場所でもある。

三国時代の三世紀、龍井はすでに有名だった。その理由は、龍井の水が甘く美味しいからだけではない。どんな旱魃の年でも、その湧き水は決して涸れることがなかったのである。それは龍井の底の奥に一匹の龍がすむ、という伝説を裏づけるかのようだった。

道士の葛洪は、三～四世紀の人である。現在のいい方をすれば、この葛洪の肩書は哲学者、医学者、文学者、薬学者、化学者……となる。彼の哲学上の先生が、老子であることも、偶然ではなく、まことに興味ぶかい。

伝説と故事につつまれた龍井（杭州・風篁嶺）

医薬学者としての葛洪は、不滅の生命を本気で研究し、実験もした。不死の霊薬（仙丹）を作ろうとしたのである。それに際して、彼の選んだ水が龍井のものだった。葛洪の試みのすべては、彼の著書である『抱朴子』に書かれている。

分水線という現象も、この龍井ならではのものだ。棒ないし手で、力いっぱい泉の水をかきまわす。波だった水面に、一本の線が現れる。ユラユラとしばらく揺れて、やがて消えていく。

この分水線を写真に撮るのは難しいが、肉眼ではっきりと見ることができる。この現象は、水の比重が表面と底では異なることによるものだという。それが雨の日に、より明瞭に見えるあたりも、なにやら龍と関係がありそうだ。

いつもそうだが、龍井の一帯は観光客でごったがえしている。西湖の西にあり、動物園や植物園、有名な寺などがある。市内から直通のバスでくる人もいる。遊覧船で西湖を楽しんでから、こちら側にくる人もいる。

そうした皆さんのお目当ての一つに、お茶がある。江南では緑茶をのむ。その名もズバリ龍井茶である。二千年もの歴史をもつ井戸の名が、中国を代表する銘茶についている。ウグイスの啼く四月、中国の緑茶を代表する龍井茶を、龍井の名水でいただけば、それこそ「口の福」であり、寿命がのびるというものだ。

龍脈は、地の気が流通するルート

風水が静かなブームをよんでいる。風と水は、火とともに、自然のなかの最も基本的な要素である。

古代の中国人はそれをよく観察し、同時に深く洞察したようだ。風水は古代中国の地理学である。その考え方の中心には「気」があり、気の地理学とよぶこともできる。

気は、そよぐ風や、陽炎、四季のうつろいから発想したものであろう。その背景にあるものは、宇宙のエネルギーである。気の立場からすれば、人の誕生は気が集まることで、人の死は気が散ることである。

大地のなかにも気があり、その流れを龍脈という。火山の爆発や大地震を目のあたりにして、自然のエネルギーの偉大さを思い知らされる。地震のことを中国人は、「龍脈が動いた」と表現することがある。

中国の雲南省から大地震のニュースが伝わってきたのは、一九九六年のことだった。雲南省の都の昆明には龍門（ロンメン）があり、天下の絶景であることは紹介したばかりだ。

いかにも龍脈を思わせる山なみだ（江西省・臨川）

マグニチュード7級の大地震があったのは、昆明のずっと北の麗江のあたりである。そこはナシ族やチベット族などの少数民族がすみ、非常に美しい場所である。万年雪をいただく玉龍雪山があり、ヒマラヤ山系から流れでる金沙江（きんさこう）の急流があった。この流れは、やがて長江（揚子江）に合流する。地震のほぼ一月前から、それが近いことが予測されていたそうだ。それにもかかわらず、多数の犠牲者や負傷者がでたのだった。

中国で地震といえば、一九七六年の唐山（河北省）大地震である。死者の数は数十万ともされる。北京（ペキン）の東約百五十キロ、石炭や鉄鋼、陶器で有名な工業都市の唐山は、壊滅的な打撃をうけた。五十年たった今日も、地震の惨状を語る建物が保存されている。

この地の気の源は、中国人の考えによれば、崑崙（こんろん）にあるという。チベット高原の北の端にあたる崑崙山脈は、全長二千五百キロ。標高五千メートル以上の高峰が多く、黄河も長江もここから流れでている。崑崙から発した気は、中国大陸を東へ、東へと移動し、海まで向かうとされる。

この考えは実は、人体のなかの気の理解と共通したものである。人体では、気の流れるコースが経絡であり、それが体の表面に出てきたポイントが経穴である。神戸の大地震がそうであったように、われらの地球にはまだ未知の部分が少なくない。風水のブームの背景には、その神秘的な要素に期待する人もいるようだ。

風水も、それ以外の人類の知的遺産と同様、きわめて貴重な知恵であろう。同時にそれは、万能ではあり得ない。そうした知恵を継承し、発展させる必要があるだろう。

最近の研究によれば、日本の平安京（いまの京都）の建設は、風水の理論を根拠としているという。中国の古代都市や、皇帝たちの陵墓の建設も、当然、そうである。その共通点は、北側の山を背にして、南を向き、川を従えていることである。

龍穴からは、地の気がでるという

地の気の話をつづけよう。宇宙にあまねく存在する気のエネルギーである。それが大地のなかを流れて、龍脈というコースとなり、その流れる気が、地面に顔をだしたポイントが龍穴である。

現代の地球物理学では、地震は、プレートが変動した結果であるとする。日本をふくむアジア大陸は、ユーラシア・プレートの上にある。インド亜大陸はインド・プレートの上にある。そのインド・プレートは今でも、少しずつ北上している。

ヒマラヤこそは、ユーラシア・プレートとインド・プレートとが、相ぶつかる場所だという。そこでは海底面が隆起し、褶曲（しゅうきょく）して、海抜八千メートルという世界の屋根ができたのである。そうした場所には、膨大な量のエネルギーが蓄積される。日本列島の場合には、もっと多くのプレートが関係して、複雑な構造となっているという。まさに地震の巣である。

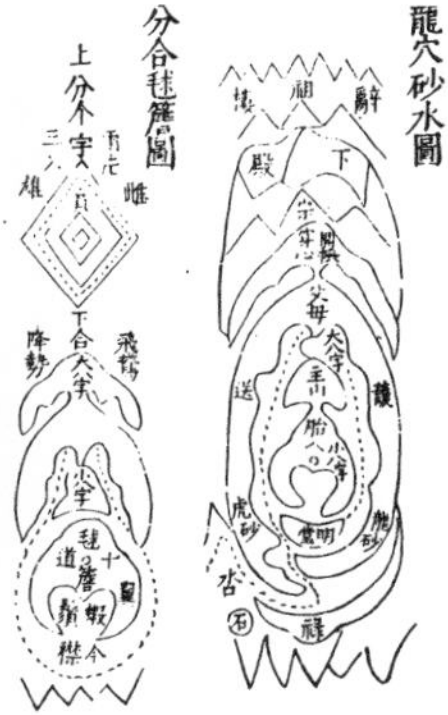

龍穴の構造は……（『三才図会』）

中国人が龍脈と名づけた現象は、こうしたプレートの変動である。その結果として、褶曲した山脈や、複雑な峡谷が形成される。『山海経』（せんがいきょう）（前四世紀？）は、中国で最古の地理書であり、旅行の案内書である。その『山海経』に、こんな一節がある。

「山奥ふかくに泰逢神がいる。この泰逢神は、人間の顔をし、虎の尾をしている。彼こそは天地の『気』を動かすことができる。彼のいる山には、草や木というものがなく、瑶や碧があり、川には蒼玉がいくらでもある……」

この光景はじつは、筆者が、一九八八年の夏に目撃した崑崙山中の光景そのものである。海抜五千メートル以上の山中では、草木がほとんどなく、青い岩石がゴロゴロしていた。それはきっと、瑶や碧など高価な宝石となる原石だったのである。

ところで龍穴があるのは、龍脈が山をくだり、平地にでたあたりだという。それは人間の目には見えない。この龍穴を探しあてるのが風水師である。風水師の商売道具は、一般に方形ないし円形をした羅盤である。

この羅盤上には、五行、八卦、干支などが刻まれている。羅盤を手にした風水師によって、龍穴というポイントが決定される。その龍穴は一般に、北・東・西の三つの方向に山があり、南は開けており、東には川が流れている、という地理条件となっている。そうした場所に、もし家をたてたり、墓をつくったりすれば、家運は隆盛となり、子孫も繁栄する、と古代の中国人は信じたのである。

ところで、日本人は『三国志』の大のファンである。なかでも蜀の軍師である諸葛孔明の人気は高い。その孔明が立派な風水師であることに、読者はお気づきだろうか。彼の得意としたものに七星壇や、奇門遁甲（きもんとんこう）などの方術がある。彼が七星壇を築き、祈りを捧げれば、龍巻が生じ、ときならぬ風雨がやってくる。摩訶（まか）不思議な奇門遁甲の術では、味方には勝利が、敵軍には敗北が訪れる。それらはどう見ても、風水師の仕事なのである。

古代人はまた、気のポイント龍穴を女性の性器に見たてている。龍穴が生気の発生する場所であるとして、生命を誕生させる生殖器になぞらえたのである。それは未知の現象を洞察しようとする試みであったし、不可思議なエネルギーにあやかろうとした発想である。

本章では「自然に潜む龍」を取り上げてきたが、最後に一つ、雲の龍を追加しよう。龍の本を世に問い、龍の講演をする中で、雲の龍が話題になったことがあり、読者が自分で撮った「龍のような雲」の写真を郵送してきてくれたこともあった。

確かに、空中で変幻自在の雲を見ていると、これは龍……と思うことがあり、楽しい時間で、飽きるということがない。

ちなみに、相撲の横綱土俵入りの型には二つあり、そのうちの一つが雲龍（うんりゅう）型である。

四　龍は、どう変わってきたのか

故宮の龍の石段は、皇帝の専用だ

龍は、太古の昔、父系制の血族集団のトーテムだったとされる（二九頁参照）。その太古の龍は、やがて形をととのえ、漢代には皇帝のシンボルとなった。その龍の形が、その後、どう変わってきたのかを知るために、建物や芸術品、文房具など、人間の生活にちかいところにいる龍に着目してみたい。

まずは、北京（ペキン）の故宮である。そこは明代と清代、約五百四十年にわたり皇帝のいた場所である。それ全体が国家レベルの文物保護単位である。日本でいう、国宝にあたる。そうした国宝級の史跡のなかには、よく龍を彫りこんだ石段があるものだ。

それらの龍の石段は一般に、大理石で造られている。中央部には龍があり、その左右が階段となっている。われらが上るのは、左右の階段の部分である。龍のある中央部は、フェンスなどで保護されているだろう。龍の部分に立ち入りが禁止されている理由は、少なくとも二つある。

第一は、破損をふせぐためである。たとえ大理石であっても、昨今では、内外から数多くの観光客がやってくる。いつしか破損しないとも限らないからだ。国宝の龍を、観光客の土足から守るためである。

第二の理由は、その龍の部分がかつて、皇帝の専用の階段だったからであろう。皇宮は政務の場であり、科挙の最終テストの場であり、皇帝の私生活の場でもあった。いずれにせ

皇帝専用の龍の石の階段は長さ約17m、重さ約260t（北京・故宮）

よ、皇帝だけが中央の部分、すなわち龍の彫りのうえを歩いた。臣下たちは、その左右の階段の部分を、ずっと後ろから歩いたのである。

階段とはそもそも、高い場所へのぼり、そこから下りるために考案された。壇とは、本来、土を盛りあげて、上部を平らにした台のことである。それはもともと天や地にたいして、祭りごとをするための場であった。北京には、天壇、地壇、月壇などがある。

古代の中国人の考えでは、天は円く、地は方形である。「天円地方」という。天が円いことは、星空を見あげたりすると、かなり実感できる。四角い地のほうは、実感はちょっとできない。水平線を見たりすると、地も円い、と思ってしまう。ちなみに、日本語の都会にたいする「地方」は、古代中国人の宇宙観を語源としている。

北京の天壇はいまでは公園である。かつては皇帝が天にたいして「五穀豊穣」を祈った場所である。構図的には、四角い敷地のなかに、いくつもの円形をした壇や建物がある。いずれも古代の建築技術の粋を集めてあり、まさに絵心をさそう。この天壇の石段にも、龍が彫られている。

龍の石段の最大のものは、やはり故宮にある。そのほぼ中央、保和殿の北側にある。サイズは長さ十六・五七メートル、幅三・〇七メートル、厚さ一・七メートルであり、重さは約二百六十トン、一枚岩である。その石材はやや緑色がかり、艾葉青石(がいようせいせき)とよばれる。下部の山から上部の雲まで、龍、龍、龍……である。雲間に浮かぶ龍であることから雲龍とよばれる。その彫刻は力強く、しかも精緻（せいち）である。たとえ皇帝であっても、そこを歩くのはもったいないほどだ。

いつも話題になることは、この二百六十トンもある巨大な石の運搬である。五百年前の明代、すべてが人力で運ばれた時代の作品である。ピラミッドの石は平均すると、一個がわずか二・五トンである。その百倍もある巨大な石は、どこから、どのように運ばれたのであろうか。

その答えは、「北京の厳冬」である。秋までに、南方から大運河により北京郊外まで運んでおく。冬、水をまいた場所はすぐに凍結し、さしもの石材もスイスイだったという。

邪をかわす照壁に、龍が躍動する

龍には、独特のデザインがある。その形が現在のようになったのは、歴史的には今から二千年前、漢代のこと。当時の著名な学者である王符（おうふ）によれば、龍は、九つの動物などに似ているとした。いわゆる「龍の九似説」である（七二頁参照）。

龍のデザインはその後も、時代とともに変化し、より精緻（せいち）なものとなっていく。皇帝による龍の独占も、いよいよ明らかになる。皇帝のみが着る龍袍（りゅうほう）があり、皇帝の専用する龍船があり、皇帝がのぼる龍の階段などがあった。

山西省の大同は人口約百万で、省内でも第二の都市である。四百億トンとも推定される石炭の埋蔵があり、中国でも有数の「石炭の街」である。その北の郊外二十キロには、「蒼龍」万里の長城があり、内モンゴルとの境界をなしている。中国の三大石窟のひとつ、雲岡の石窟で知られる大同であるが、ここの九龍壁は一見に値する。

その九龍壁のまえで、筆者はしばし立ちつくした。幅四十五・五メートル、高さ八メートル、厚さ二メートルの規模である。圧倒的な大きさだ。その大きさもさることながら、そこに躍動する龍たちには、ものすごい力強さがみなぎっていたからだ。

壁の色は上から下に、青から緑へと変化する。龍の色は黄色ないしオレンジ色で、青い龍もいる。首をもたげる龍、雲のなかに踊る龍、珠をくわえる龍……すべて姿態の異なる九匹の龍が、約五十メートルの壁のうえで躍動する。それは龍の芸術として、まさに圧巻という印象であった。

こうした壁は独立した構造物である。寺院や廟などの入り口によく設けてあり、一般に照壁ないし影壁とよばれる。

この照壁（影壁）の役割は、外部からの邪の侵入をふせぐことである。人間にとって都合の悪いものが、すべて邪である。それが内部に侵入しないように、大きくて、頑丈な照壁をこしらえておくのである。

ところで、龍の数が九であることには、大きな意味がある。中国人は、数字を陰と陽とに分ける。陰の数は二から八までの、四つの偶数。陽の数は一から九までの、五つの奇数である。数は一から出発し、九が最後である。九は一番大きな数であり、至高の存在である。その九という数の龍が飾る照壁は、当然のこと、皇帝に属するものである。

龍のツメの数に注目したい。龍のツメの数には「規定」がある。一般論でいえば、漢代が三本、宋代が四本、元代からは五本である。陶磁器にもよく龍の図柄がある。十三世紀の元以降、五本のツメの龍があれば、それは皇帝の専属の窯の作品であると知れる。

大同の九龍壁には、その華麗さに思わず足をとめてしまう(部分)

なお、北京（ペキン）にも二つの九龍壁がある。故宮と、北海公園のなかであり、いずれも清代の作品である。ここに紹介した大同の九龍壁は、明代のものであり、北京のものより古いだけでなく、さらに大きいのには理由がある。

中国に三つしかない九龍壁のなかで、大同のものが最古、最大である。それはもと大同府のなかにあった。その主人は明の初代皇帝の第十三王子である朱桂代だ。いささか「規格以上」の九龍壁であるが、この王子の勢いは、明朝のもつ勢いを反映していたともいえる。

曲阜の孔府に、例外の龍の石柱が

いまから二千年以上も前、漢代にすでに皇帝のシンボルとなった龍には、その後もずっと、皇帝の一族によって専用とされてきた歴史がある。

だが、例外のない規則はない、という。他の者には、龍をもちいることを禁じた皇帝であるが、やはり二、三の例外を認めていた。一つは宗教である。「黄帝は龍にのり昇天」の写真（三三頁参照）は、四川省の青城山にある道観でのものだが、朝の勤行をする道士の後ろの柱には、龍の彫刻があった。

第二の例外は、山東省の曲阜にある孔子廟である。そこはかつて孔子を祭った場所であり、現在では国宝となっている。約二十ヘクタールの敷地には、数えきれないほどの建物と門がある。そのなかの大成門と大成殿の柱には、一見に値する龍の彫刻がある。

孔子（前四七九年没）は、日本でも高い知名度を誇っている。日本人のスピーチによく引用される『論語』は、孔子の行動と弟子たちとの会話を記録したものだ。そのなかの「朋あり、遠方より来たる」「三十にして立つ」「四十にして惑わず」などは、やはり名文句である。

龍の彫刻が、孔子を祭る大成殿にあるのは、やはり理由あってのことだ。孔子が生きたのは、春秋という、中国史でもまれに見る激動の時代だった。それまでの奴隷制の社会が、ゆるやかに崩壊していく。そして、前二二一年、全中国を統一し、次なる封建制の社会をスタートさせたのは、秦の始皇帝だった。

こうした時代に、孔子は、人として守るべき仁を主張し、諸国を遊説したのである。しかし、彼の学説に耳をかたむける国王などいなかった。戦乱の世にあって、孔子のいう説は、あまりにも理想主義的であり、実行は絶望的だったのである。

その孔子の学説（儒学）を、国の教えとして採用したのが、漢の武帝である（前一三九年）。その後、一九一一年に起きた辛亥革命によって清朝が打倒されるまで、二千年の長きにわたり、儒学は中国の体制イデオロギー（思想）となったのである。

孔府の龍の柱は例外中の例外だ（山東省・曲阜）

孔子その人の生涯は、清貧そのものであり、わずか三間の家で死んでいる。だが、儒学が国教化されてからというもの、孔子の直系たちは、権力者により厚遇されるようになる。孔子の子孫は、唐では文宣王、宋では衍聖公などとよばれ、文官のトップあつかいである。曲阜をおとずれた皇帝も少なくない。孔家はまた、帝室と一定の婚姻関係をもった。

孔子の末裔が住まいとした孔府は、十八ヘクタールの敷地のなかに無数の建物がある。孔家の墓地である孔林は二百ヘクタールという規模である。これらのデータは、過去のものではなく、いずれも現在のものである。

こうした理由から、龍は、孔子廟では例外である。廟の中心的な存在は大成殿である。東西五十四メートル、奥ゆき三十四メートル、高さ三十二メートルで、建築面積は約二千平方メートルという規模である。龍の彫刻をした石の柱が十本ある。高さ五・七メートル。それは大成殿をささえる二十八本の柱のうちで、南側の正面の柱である。二四の巨大な龍が舞うように相対し、雲のなかで珠をくわえて、それぞれの柱を昇っていく。それはまさに躍動する龍の彫刻の芸術だ。

日光の鳴き龍は、耳と目を悦ばす

ここらあたりで、日本の龍にも登場してもらおう。国宝クラスの美術品のなかにも、民間の行事や信仰のなかにも、数えきれないほど、日本の龍がいる。まずは、「人工の粋を凝らした」という定評のある日光の社寺（東照宮、輪王寺、二荒山神社）からである。

「日光の鳴き龍」である。その下で、柏手をうち、ブルルーンというような、「龍の鳴き声」を聞いた人は少なくないだろう（現在は拍子木を打って聞かせている）。天井から迫りくるような龍の名画があり、自分の柏手に応じるかのように、龍が鳴いてくれる。まさに、目を喜ばせ、耳を悦ばせてくれる。

鳴き龍の原理は、じつは山彦と同じものだ。音響学では、反響ないしエコーという。ヤッホーという山彦の場合は、その叫び声などが、対向する山や絶壁によって反射され、ひと呼吸おいてから、聞こえてくるものだ。

焼損以前の「日光の鳴き龍」（『重要文化財本地堂修理工事報告書』より）

鳴き龍のことを、専門的には、フラッター・エコーという。flutter は動詞で、旗などがはためくことである。転じて、再生した音がゆれること、をも意味する。フラッター・エコーは、対向する二枚の壁などの間で、反射がくり返されて生じる音響現象のことである。

日光の鳴き龍に、話をもどそ

う。

奈良時代の日本には、大きな宗教ブームがあったようだ。高く、奥深い山を開き、そこを霊場とするものである。そこでは一般に、古来の神祇と仏教とが、共存し、結びついている。いわゆる山岳信仰である。日光の男体山は、それ以前から男山と呼ばれ、下野の民から尊拝されていたのは事実である。

ただ、現在のような日光の高い知名度を確立したのは、徳川家康かも知れない。東照宮が家康の霊を祭る神社であることは、意外と忘れられている。関ヶ原の戦い（一六〇〇年）により、戦国の世に終止符をうった家康は、その十六年後、駿府城（静岡）で亡くなった。その遺言により、遺骨は久能山に埋葬され、そこに神社が造られるはずだった。

その計画を変更し、家康の遺骨を日光に移したのは、天海である。「怪僧」の異名をもつ天海は、比叡山の出であり、家康の最高ブレインでもあった。それを実行したのは、二代将軍の秀忠である。三代将軍の家光は、東照宮の規模があまりに小さいことを嘆き、現在のような規模に修復した。一説によれば、家光の真意は、参勤交代と同様に、全国の大名たちを修復の事業に参加させ、彼らの財力を消耗させることにあったという。いまの東照宮は、国宝の本殿や陽明門をはじめ、国の重要文化財も少なくない。龍もまた、少なくない。建物の柱や梁などには、龍また龍である。

わが「日光の鳴き龍」は、薬師如来を祭る本地堂（薬師堂、重文）にあった。その天井に、狩野永真安信の筆になる、長さ八メートルの蟠龍がわだかまっていた。惜しくも、昭和三十六年（一九六一）に焼損し、堅山南風により再現された。

その下で柏手をうつと、ブルルーンと「龍が鳴く」のは、龍の画かれている天井が、わずかに凹んでいるからだ。天井と床の間で、音が反射をくり返し、音響効果が生じるのである。匠たちのその巧みな工夫は、「大将軍」家康に、いかにも似つかわしいであろう。

中国でフラッター・エコーを利用したものに、北京の天壇の三音石や、河南省の三門峡の宝輪寺塔（俗称、ガマ塔）などがある。いずれも、定められた場所で拍手をしたり、大声をだすと、大きく反響する。

漢の最古の吉祥図に現れた黄龍

中国人は、太古の昔から、天を気にしていたようだ。ヒトの生存は、霞を食べる仙人は別として、モノを食べることが前提である。ヒトは長い間、狩猟や漁労、採集の生活をしていた。要するに、自然のなかから、受動的に、食糧を頂戴していたのである。

浙江省に河姆渡遺跡がある。いまから約七千年前、そこでは稲が栽培されていた。種モミをまき、自然に働きかけるという、能動的な農耕がすでに行われていたのである。ちなみに日本の農耕は、中国に遅れること数千年である。

中国の神話にでてくる神農（炎帝）がいる。黄帝などとともに、中国の伝説のなかのスーパー・ヒーローである。民に農耕を教えた神農は、農業の神である。また、民に薬草と毒草の区別を教えた神農は、医薬の神でもある。その神農は、思うに、中国の社会が狩猟から農耕へと転換した時期、有力な、人望ある指導者だったのだろう。

問題は、天の気（天気）である。採集であれ、農耕であれ、四季のうつろいが順調でなければ、適度な雨が降らなければ、ヒトの食物が不足してしまう。この人知を越えた天の動きと、ヒトの営みを関係づけて考えたのが、中国人である。そのシステムは、次のようである。

為政者、すなわち政治の指導者が、徳が高く、よい政治をすれば、天がそれを嘉（よみ）して、ある種の、きわめて珍しい品を、地上に現すというのである。それが瑞応（ずいおう）であり、その品を瑞祥ないし吉祥（きっしょう）という。中国では、政治にたいする期待がかくも大きい。その意味で、中国はいまも昔も、「政治大国」である。

黄色い龍——黄龍は、そうした瑞応の品の最たるものである。黄色が「高貴な色」であることは、「母なる黄河」（八四頁参照）、「龍袍を着た天子」（一八頁参照）、「黄龍は天下太平のシンボル」（七七頁参照）などで紹介した。このほか、いまから約二千年前の漢代には、こんな伝説がある。

漢の霊帝（れいてい）の御世のことである。武都太守であった李翕（りきゅう）が、いまの河南省の澠池（べんち）に在任しており、険しい山道を修復して、民から非常に喜ばれた。すると、天はこれを嘉して、瑞応として、この世に一匹の黄龍を現した……。

要するに、ひとりの地方長官が政治をよくやり、道路工事もよくやったので、瑞祥があったというのだ。それは長官の手柄であると同時に、その世の天子の「徳の高さ」を証明するものなのである。左の図版は、それを記念した碑の拓本「五瑞図」の一部である。

そこに絵柄および文字で、五種類の「瑞祥」が表現されている。瑞獣とされる黄龍、白い鹿、天下太平のときに降るとされる甘露、一本のくきに数多くの穂がついた嘉禾（かか）、枝のつながった木連理である。これは目下、中国最古の吉祥図として高く評価されており、東京国立博物館に所蔵されている。漢代の李翕と瑞応の関係はともかく、彼の道路建設については、

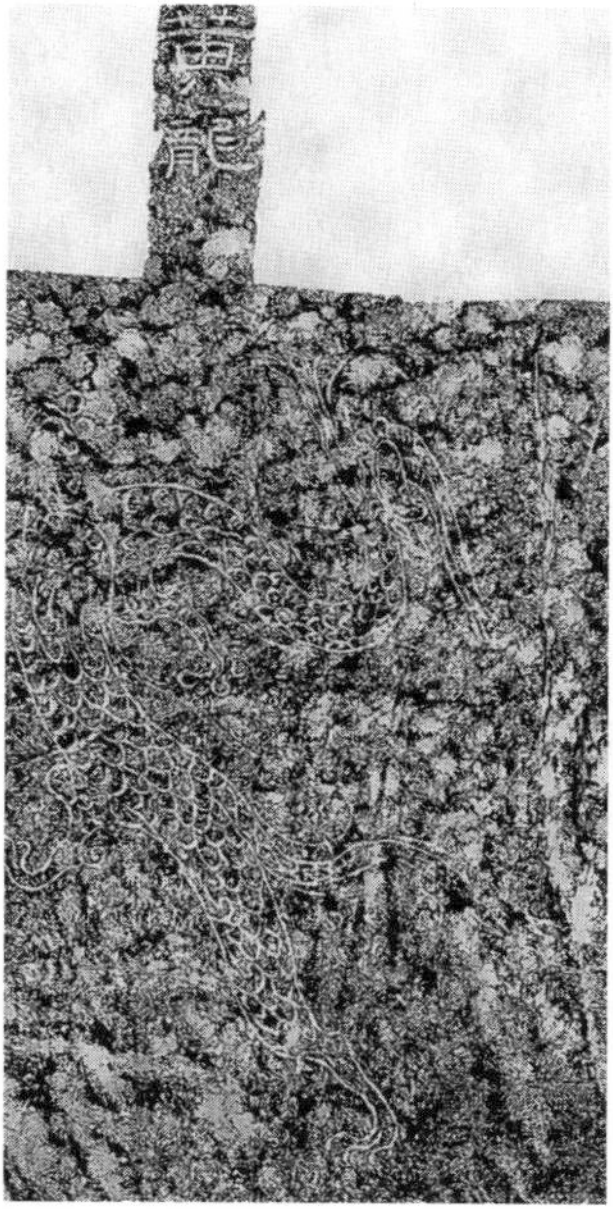

中国最古とされる黄龍の拓本（漢代、東京国立博物館蔵）

やはり納得できる。

それというのも、河南のその一帯は、西北の黄土高原から、いわゆる中原に変わる地形であり、「天下の険」とされる函谷関(かんこくかん)は、澠池のすぐ西にあるのである。そこはまた、黄河の中流域にあたり、「龍体人面の文様」（五三頁参照）をもつ仰韶(ぎょうしょう)文化の故地でもある。だとすれば、瑞応としての黄龍には、まことに格好の舞台であるかも知れない。

唐代、青銅の鏡に、躍動する龍が

貴人の装飾品として、古来、龍の形象が用いられてきた。その歴史はふるい。既述した「婦好(ふこう)の玉(ぎょく)製の龍」（五八頁参照）、「戦国時代のアクセサリー」（六六頁参照）などはその代表である。

ところで、貴人ならずとも、アクセサリーを身につけた者は、その自分の姿を見たいと思うだろう。歴史のほとんどの長い間、ふつうの人びとが自分を映したのは、水だったのである。ギリシア神話によれば、美男で知られたナルキッソスは、水面に映る自分の姿に見いってエツにいり、ついにはスイセン（水仙）になったという。

ガラス製のミラーが一般のものとなったのはじつに二十世紀になってからのことだ。

鏡という字は、金偏である。人類が金属をあつかうようになって、まだ数千年である。漢代の中国人は、殷(いん)代からの青銅を経て、すでに鉄までマスターしていた。鉄は鋭利であり、武器をつくった。青銅は銅と錫を溶かしてまぜる合金であり、いわば第二の金属である。その青銅には柔軟性があり、加工しやすさを生かして、鏡がつくられている。

鏡は、青銅などの金属の表面をみがいて平らにし、モノを映すことに成功したものである。これは大発明といえる。ただ残念なことに、金属の表面はさびやすく、像の映りも悪くなってしまう。この青銅の鏡は当時、自分を映すための美装品であったというよりは、祭儀のために用いられた可能性がある。

青銅の鏡に躍動する龍（唐代）

唐が全盛をむかえた八世紀、皇帝の玄宗は自分の誕生日を祝うことにした。千秋節である。その引き出物として賜わったのが、青銅製の鏡である。玄宗の詩には、

「鋳て得る千秋の鏡、光は生ず百錬の金、分けて群臣に賜う……」

とある。青銅の鏡を群臣に賜わるときの、玄宗の得意げな顔が、目に浮かぶようである。楊貴妃とのラブ・ロマンスでも有名な、あの玄宗である。

唐代、どうやら青銅製の鏡は非常に流行して

いたようだ。詩人たちの作品のなかに、その証拠をひろうことができる。例えば、玄宗と楊貴妃の悲恋をあつかった名作「長恨歌」の作者の白居易（はくきょい）に、「百錬鏡」がある。

「背には九五の飛天龍、人よんで天子鏡なり……」

このように、鏡の表面もさることながら、彼らの期待と関心は、鏡の裏面に集まっていたのだ。そこには皇帝の独占するところの龍があるからだ。

前頁の図版は、唐代の「青銅盤龍鏡」である。直径は十二・二センチ、重さ四百五十グラム。輪郭はアオイの花の形をしており、一匹の龍がダイナミックに躍動している。龍は雲の上におり、脚のツメは三本である。

龍は、右の脚を高くあげると同時に、頭を思いきり後ろに振りむけている。口を大きくあけ、鏡の中心にある「珠（たま）」をねらう。あるいは珠とたわむれている。頭の上にあるヒゲは、まっすぐ上をむき、雲にとどきそうである。この造形の力強さと上品さは、盛唐ならではのものである。

西安の碑林では、龍が螭首を飾る

石や骨、陶片に刻むことを、中国人は好むようだ。刻むものは絵であり、文字であり、文章である。ただ、「文字など自分の名前が書ければ、それで十分だ」といった英雄がいる。同時に、「文章は国家の大事である」といった皇帝もいる。

碑とは、もともと石の柱であり、時をはかるために立てたものである。また貴人を埋葬する場合、縄で棺をつるし、埋葬するが、その縄をゆわえた石のことである。やがて、その石に死者の徳を書いて刻むようになったという。

そうした碑をたくさん集め、管理するのが碑林である。そこには、あたかも「林」のように多数の碑があるからだ。

西安の碑林には、螭首をはじめ龍がいたる所にいる

西安や桂林の碑林はつとに有名であるし、安陽には甲骨碑林がある。安陽の場合、龍骨を手がかりに発見された殷墟にちなんだものだ。甲骨に似せた大きな岩に、表には甲骨文字が刻まれ、裏には同じ文が現代中国の簡体字で刻まれている。

「こんなに龍がいたのか」と改めて驚いたのは、西安の碑林でのことだった。この西安には歴史上、十一もの王朝が都をおいている。もっとも繁栄したのは唐代であり、そこが長安とよばれた時代だったろう。当時、数千人もの外国人がそこに住んでいたという。日本からは阿倍仲麻呂や空海らがやってきて、学べるだけのことを学んだのである。

もう十数回は訪れている碑林である。かつての文廟、すなわち孔子廟である。そこは聖人の孔子を祭るところであり、学問の府であり、科挙の試験が行われた場所でもある。ここに碑が集まりだしたのは、十一世紀からのことだ。現在では、超著名なものだけで千点を下らない。

例えば、漢字を創始したとされる蒼頡の廟碑（後漢）、唐代の僧懐仁の筆になる三蔵聖教序碑、顔真卿の筆になる顔勤礼碑、ネストリウス派キリスト教の伝来をしるした大秦景教流行中国碑など……。いくらかでも書に関心のある者にとっては、まさに垂涎の的というものである。

筆者自身、これまでは、碑に刻まれている文章のほうに関心がいっていた。最近では、その碑を飾っている龍のことが気がかりだ。碑の上部を螭首という。そこには何匹かの龍がわだかまり、碑を邪悪なものから防衛している。そんな訳で、ほとんど全部の碑には龍がいることになる。前頁の図版は唐代の碑で、螭首には六匹の龍がわだかまる。その彫刻はじつに見事である。

螭はもと、ミズチのことで、雨龍ともいう。黄色をしているが、一般には角がない。ある本では、螭はメスの龍であるとする。宮殿にあがる階段などに刻まれているのは、だいたいこの螭である。碑の場合、上部に螭を刻んで飾りとすることから、その部分を螭首とよぶようになったのであろう。

図版には映っていないが、碑のしたのささえの部分を贔屓という。龍の九匹の子のうちの一匹であり、また重いものを負うことを好み、形はカメに似た動物である。こうして仔細に観察すると、中国の石碑は、上から下まで、まさに龍、龍……である。

黄玉の杯を、龍の把手が飾る逸品（宋代）

宋代の黄玉の杯には、龍が戯れる

宋代（十〜十三世紀）の「黄玉経火龍把杯」は、味わいぶかい作品である（上の図版）。唐の滅亡（九〇七年）から宋の建国（九六〇年）までの半世紀に、五つもの王朝が交替している。そのうちの三つがトルコ系の将軍が帝位についたものである。

その後も、満州族系の渤海国や、モンゴル系の契丹（遼）、チベット系の西夏などの強敵が、たえず宋朝をおびやかした。宋の三代皇帝の真宗はついに遼と和議をむすび、毎年、銀十万両、絹二十万匹（匹は布の長さの単位）を贈ることにした。

宋は、「武低文高」の時代だった。第八代の徽宗は在位すること二十六年、一度は宿敵の遼を破った。しかし、遼にかわったツングース系の金の捕虜となり、北辺で客死した。彼は天才的な芸術家だった。徽宗が絵筆をとれば、宮廷画家たちは肝を冷やし、その墨書は後世にまで喧伝される名品である。

ところで、黄玉とは、黄色ないし無色の宝石であり、トパーズのことである。アルミとフッ素をふくみ、ケイ酸塩の鉱物である。玉とは、硬度が五から八あたりの美しい石の総称である。ドイツ人のモース（一八三九年没）の硬度計によれば、硬度一は滑石であり、硬度十はダイヤモンドである。中国の習慣では、硬度五あたりを軟玉といい、硬度七あたりを硬玉という。

水晶やヒスイは、硬度が七である。前五世紀の春秋時代、そうした石材は、中国人の手にかかって、美しい装飾品となっていた。鄭（いまの河南省）の人たちは、玉の加工を得意とした。指南という磁石をもち、山奥ふかくはいり、美玉をさがしだしたとされる。

黄玉は硬度八であり、かなり硬い材料である。そのせいであろうか、黄玉の作品には「経火」の二字がよくつく。それは加工技術の一種であり、文字どおり、火のなかを経らせることである。そうすることにより、深い色合いと、加工しやすさが得られるという。

さて、宋代の「黄玉経火龍把杯」（前頁）であるが、手のひらにのるほどの大きさである。幅十三センチ、奥ゆき九・六センチ、高さ七センチだ。龍を、把手にもちいた大胆なデザインである。まるで、龍がどこからか飛んできて、黄玉の杯に抱きついたようだ。その尾は杯を一まわりして、正面まできている。

この杯そのものは、七弁の花の形をしている。杯の外側では、龍と植物とが交錯している。その葉からだけでは判然としないが、龍とともにある植物とは、いったい何であろうか。龍のちかくによく描かれるのは、一般に雲である。

問題は杯の中身ではなかろうか。龍が、それをねらうからには、ただの水ではないだろう。美酒であろうか、はたまた、不老不死の仙薬であろうか。また、この黄玉の龍の杯の持ち主は、いったい誰だったのだろうか。それらはすべて、目下、結論は出ておらず、読者のご想像におまかせすることになる。

それにしても、全体の構成といい、龍の口にふくませた小さな珠（たま）といい、心にくいばかりの傑作である。

元代の青い盤に、白龍が飛翔する

中国のいまの憲法では、自国のことを「統一された多民族国家である」と規定している。日本人は民族というものに、あまり敏感ではないようだ。それは周囲を海にかこまれた地理的な環境や、歴史的な背景とも関係があるだろう。

ヨーロッパでは、一本の小川が国と国をわけ、小さな丘が民族をへだてている。多民族国家の中国には、全人口の九十四パーセントをしめる漢族と、五十五の少数民族がいる。少数

青盤の白龍はコントラストが絶妙だ（元代）

民族は全部たしても、人口の六パーセントにすぎない。

中国の悠久の歴史のなかで、二回だけ、少数民族の王朝が成立している。モンゴル族の元と、満州族の清である。蒼いオオカミの伝説をもつジンギス汗と、その子孫たちが現れたのは、十三世紀のことである。彼らは、東は日本から、西はポーランドまで、軍靴の音をひびかせ、転戦の跡をのこした。

上の図版の瑠璃釉白龍紋盤は元代の作品である。瑠璃を思わせる青紫色の地に、純白の龍が舞っている。この鮮明な色の対比と、龍の奔放なデザインは、それをみる人の眼を、盤上にくぎづけにしてしまうに違いない。

釉とは、上薬のことである。焼き物の表面をまもり、それを飾るために用いる。上薬のおもな成分はケイ酸化合物であるが、そこに含まれる微量の金属によって、焼きあがった後、異なった色を呈する。この金属と色の関係がきちんと理解されたのは、それほど昔のことではない。

例えば、コバルトは青系を、カドミウムは黄色系を、銅は赤系を、それぞれ呈する。それは、いまでは常識になってしまった。だが江戸の名工の柿右衛門が、柿の色を出すために苦労した話がある。それは釉をめぐる人間のあくなき努力の歴史の一部といえよう。

白い龍の躍動感は、「いっちん」とよばれる特殊な技法によるものである。釉をほどこした盤に、長石の白い泥を、龍の形に盛りあげる。細かい顔の部分や鱗、四肢などには、彫りこみをいれる。その後、窯にいれて焼きあげるという技法だ。磁器の焼成温度は千二百度以上である。

元代からすでに数百年を経ており、こうした瑠璃地に白い龍をあしらった盤は、きわめて少なくなっている。パリのギメ美術館や、日本では大阪の東洋陶磁美術館、東京の出光美術館などに蔵品がある。珍品のなかの珍品である。

盤とか、盆は、平たく大きな器のことである。中国語で洗臉盆といえば、それは洗面器のことである。盤は一般に、皿よりも大きな器のことである。ただ、図版の盤は直径が約十六センチでそれほど大きくない。

しかし、その盤のうえの意匠は清新そのものであり、元代の陶磁器の特徴をよく表している。あくまでも碧い空ないし海がある。そこで自由に舞う白い龍に、陶工たちが意図したのは、いったい何だったのだろうか。元代といえば、すでに五本のツメをもった龍が現れていた。だが、この白い龍のツメは三本である。

この龍の盤に水をたたえ、それを揺らして遊んでみたい。そんな衝動にかられてしまうのは、筆者ひとりではあるまい。

景徳鎮の逸品、青花龍文壺の水準

中国の焼き物の歴史は、舜(しゅん)とともにある。舜や堯(ぎょう)が黄河の治水に励んだことは、伝説ではあるが、なにがしかの史実を反映したものであろう。その舜が黄河のある山東省の土で焼き物をつくると、すこしも歪(ゆが)まない作品ができたという。

中国の支配者は、龍を独占したように、焼き物をも独占してきた。帝王の専用の窯の歴史があるからだ。それを官窯という。青磁を焼いた窯としては、越州窯（浙江省）や、汝官窯(じょかんよう)（河南省）が有名である。

中国の焼き物にすこしでも関心のある方なら、景徳鎮という地名を知らないはずがない。景徳鎮は江西省の東部にあり、最近の人口は約百五十万である。その地名はときに、最高級の陶磁器の代名詞として使用されることがある。唐代から現在まで中国を代表する窯業の街「磁都」は、官窯のなかの最たるものだ。

左頁の図版は、明代（十五世紀）の景徳鎮で焼かれた青花龍文壺である。景徳鎮の白磁は十二世紀の宋(そう)代に全盛をほこる。それ以外の地にあった窯の追随を許さなかったのである。明代になると、その白磁を基礎として、藍の絵がらをあしらった青花が誕生する。

この藍色系の絵がらは釉にコバルトを用いたものだ。藍色の龍が浮きたつのは、白磁の地がしっかりと受けとめているからである。壺は高さが約五十センチ、口が大きく、胴は張りだしていて、いかにも堂々としている。

その胴の部分を、龍が一匹グルリと取りまいている。目玉が大きく、口ヒゲやたてがみをなびかせた龍は、いかにもダイナミックだ。角は水平にのびる。全身の鱗や、虚空をつかむ三本のツメなども、じつによく画かれている。龍は、九種類の動物などの特徴をもつとされる（九似説／七二頁、一二三頁参照）。それを表現するには、この壺の胴の大きなふくらみは格好の空間であるようだ。

景徳鎮で焼かれた青花龍文壺（明代、出光美術館蔵）

すその部分には蓮の花びらを配してある。蓮は地上に清らかに、美しく咲く花であり、青い龍のあそぶ空域の高さを演出しているだろう。

口の部分や胴には、霊芝の雲が配されている。霊芝はマンネンタケ科のキノコである。全体にウルシでもぬったような光沢があり、堅い。赤褐色か黒褐色で、傘の形もよく、日本では縁起物として床の間に置かれる。中国では古来、高価な漢方薬である。最近では、その抗ガン作用に注目が集まっている。

肩の部分には、四方に鬼の顔（鬼面文）を配してある。それらの文様が、一匹の龍を中心として、ひじょうに有機的に構成され、配置されている。明代の龍は、官窯の景徳鎮の陶工のレベルを反映して、これまでになく格調の高い芸術品となっている。

日本では東京の出光美術館に、またアメリカのメトロポリタン美術館に、同様の構図をもつ蔵品がある。

清朝の赤絵の白磁瓶に、龍が遊ぶ

焼き物の「龍」の話をつづける。宋代の「黄玉の龍」、元代の「青い盤の白龍」、明代の「青花の龍」と、約千年にわたり、焼き物のうえに表現された龍を見てきて、感じることがある。龍そのものが、また焼き物が、一目瞭然、芸術的レベルを上げてきているのだ。

英語でchina（普通名詞）といえば、それは焼き物のことだ。歴史的にみれば、焼き物は中国の専売特許だった。ちなみにjapanといえば、それは漆器のことだ。

清は満州族のうち建てた王朝である。十七世紀の中葉から二十世紀の初頭まで、二百七十年以上の歴史がある。日本でいえば、江戸から明治までに相当する。日本の平安時代、友好の使節をよこした渤海国は、満州族の祖先にあたるという。

満州族はもともと、いまの東北地方（旧満州）にいたツングース系の少数民族である。農耕と牧畜を生業としていた。現在の満州族の人口は五百万ほどで、中国全体のわずか〇・五パーセントにすぎない。モンゴル族の元朝がそうであったように、清朝はごく少数の民族が、あの広大な中国全土を統治した時代だった。

左の図版の白磁の龍は、清朝の初期、康熙年間（一六六一〜一七二二年）のものである。高さ四十二センチの白磁の瓶に、赤絵（紅彩）の龍が画かれている。ヒゲを長くのばし、口をあけた龍が、左側にある珠で遊んでいる。顔も、胴体も、鱗も、赤い。白磁のうえに画かれた赤い龍は、鮮明そのものだ。点々と空にうかぶ雲もまた赤い。

白磁の瓶に遊ぶ赤絵の龍（清代）

金色が配されているのは、龍のツメの部分と雲の輪郭である。赤と金のかもしだす豪華なムードは、当時の清朝の繁栄ぶりを反映したものであろう。

中国で最後の封建王朝となった清である。モンゴル族の元朝は、まさに疾風怒濤（しっぷうどとう）のような統治をした。それとは対照的に、清朝は「軟着陸」の統治に努めたようだ。漢族の崇敬の的である孔子廟（こうしびょう）をよく修理した。

弁髪を強要した清朝であるが、同時に国家的な学術や文化の事業があったことも忘れてはならない。勅命による『康熙字典』は四十二巻からなり、四万七千もの漢字を収録している。三百人の学者が十年がかりで、肉筆で書きあげた『四庫全書』もある。それは三百万ページという規模のもので、中国史上で最大の叢書（そうしょ）である。

この赤絵の龍に一ヵ所だけ黒を用いた部分がある。目玉である。赤と金のなかに、ただ一ヵ所、黒い目玉があり、そこには生気がただよう。この見事な配色を、読者にお目にかけることができず、残念である。画龍点睛（がりょうてんせい）という言葉がまさにピッタリの龍といえる。

龍の形象は、これまでも繰りかえしてきたように、それぞれの時代を反映し、同時にまた作者の意匠を反映している。芸術のなかの龍は、まさに変幻自在である。

明清の九龍紋の硯と、金龍の筆と

「ペンは剣よりも強し」というのは、英語のことわざだ。中国の文学者の魯迅（ろじん）も、よく「金不換（チンプーホアン）」といった。筆で表現しようとすることを、金銭の力や権力で、曲げることはできない、というほどの意味である。

生活のなかでは、焼き物よりも、文房具のほうが身近であろう。少なくとも、かつてはそうだった。硯（すずり）、筆、墨、紙のことを、中国では、「文房四宝」という。文字を書いたり、文章で表現するために、不可欠の四つだからである。

　これからは、そうした文具の龍を調べてみたい。やや予想外のことだが、龍がやはりいた。左の図版は、明代の筆と、清代の硯である。明は十四世紀から十七世紀まで、約三百年の王朝である。日本でいえば、室町から江戸時代に相当する。

九龍紋の硯（清代）と金龍の筆（明代）

　明代の中期（十六世紀）に、宮中で用いられた皇帝の専用の筆に龍がいた。御筆である。長さ約二十五センチ、軸の直径は約二センチであり、キャップの部分は約十センチある。筆の毛にはヒツジとテンが用いられている。

　注目したいのは、直径二センチの筆には、黒の漆の地に、金の雲龍が巧みに画（えが）かれていることだ。龍の胴の輪郭や、雲の一部には朱色を配し、いかにも瑞祥感をだしている。龍はキャップに一匹、軸の部分に一匹で、一本の筆に二匹画かれているのも面白い。

さて、硯であるが、これも皇帝の専用であり、言うまでもなく端渓（広東省）の産である。縦二十三センチ、横十七センチで、あまり大きいものではない。皇帝ならば、もう少し大きな硯を……などと思ってしまう。

だが、紫がかった青黒い石の周囲に彫られた龍をよく見れば、納得がいくというものだ。雲のなかを泳ぐように飛ぶ龍がいる。それを注意ぶかく数えると、ちゃんと九匹いる。古代の中国人の考えでは、九という数は、前にも書いたように至高の数なのである。

墨がたまる部分に、珠が一つ彫られている。これは想像にすぎないが、皇帝はこの珠のあたりで筆に墨をたっぷりとつけ、龍の顔のあたりで筆先を整えたのではなかろうか。歴代の皇帝には、宋の徽宗は特例としても、名筆家は少なくない。

清朝の皇帝のなかでも、乾隆帝や康熙帝は、よく筆を揮ったことで知られる。本拠地の北京は当然であるが、皇帝たちが巡幸した杭州、蘇州など各地の楼閣や寺院には、「宸筆」がいまも残されている。それは「帝王の筆跡」であるというだけでなく、やはり「名筆家の作品」として高く評価されている。

清代の黒い墨に、金の龍が映える

硯とくれば、次は墨である。左の図版は八本の墨がセットになった清代の「八宝奇珍図」の一部である。中央には、つり鐘の形をした墨がある。それには「左氏珍蔵」とあり、いわゆる御物ではない。左氏は湘陰（現在の湖南省）の有力者だったという。

左の墨には、一匹の龍が、いかにも自由に画かれている。龍のしたにある雲が、龍のいる位置の高さを表現している。

右の墨では、一対の龍が、珠を奪いあうようにして遊んでいる。よくあるデザインだ。どちらの墨も、墨の黒と金の龍の対比が鮮明である。

特別注文の墨に映える金龍（清代）

八本の墨はすべて形と模様が異なり、どれも使われた形跡はない。清末の光緒年間（一八七五〜一九〇八年）、名墨の産地である徽州に特別注文した「奇珍の品」であろう。左家の人びとが実際に使うのを惜しんだとしても、それは理解できることだ。

墨は松の枝や根、また油を燃やしてでるススから作る。松のススを松煙といい、油のススを油煙という。それに膠や香料、薬材をくわえて固めるのである。膠は動物や魚の皮・骨を煮て、それを固めたもの。松のススから作ったものが、上等な墨とされる。

数千年前の新石器時代、中国人はすでに陶器のうえに、赤や黒の龍をふくむ模様を画いていた。それの絵の具の材料は、よく問題とされるところだ。黒い部分は、ススやすりつぶした石炭などに漆をまぜたものだという。

中国人が、今のような墨を作りはじめたのは、今から二千年の昔、前漢のことである。目下、出土している最古の墨は、湖北省江陵の漢代の墓からでたもので、筆や硯とともにあった。魏晋や唐代、墨はどんどん普及し、易県（河北）が製墨業の中心となった。宋代には安徽省の黄山を望む歙州が墨の産地となり、今日にいたっている。奈良の正倉院には、開元四年（七一六）と銘うたれた船形の大きな墨がある。

龍のことに話をもどそう。清代の墨には金色の龍が画かれているが、これは御物ではない。徽州にある墨の製造元が顧客の求めに応じて、銘と模様をいれたものである。皇帝の専有物であった「龍」が、民間でも愛用されはじめたことが分かる。龍は、皇帝ならずとも、上から下までやはり人気があったのだ。

墨には、ある種の独特のにおいがある。西安の碑林を最初に訪れたのは、一九八〇年頃のことだった。パンパーンという拓本をとる音がして、墨のにおいが鼻をついた。その墨のにおいで、一瞬、書道教室にかよっていた少年時代のことを思いだした。習字といっていた。字を習うこともさることながら、先生の上品なたたずまいに接し、時にいただくイチジクなどが、あるいは楽しみだったのかも知れない。

墨のにおいには、人の心を落ちつかせる作用があるようだ。硯で墨をすれば、スッスッという軽やかな音がする。墨をする音と墨のにおいとは、心を落ちつかせる相乗効果をかもしだす。

明代のすかし紙に、躍る金線の龍

「文房の四宝」の最後は紙である。現代人の生活にとって紙は不可欠であり、あたかも酸素のような存在だ。朝の用たしから、一日の仕事まで、原稿用紙といい、新聞紙といい、デジタル化が進んだ今もなお、われらの生活は、紙をぬきにしては成りたたない。

龍と紙のあいだに、何らかの関係がないだろうか。それを探しはじめたころ、正直いって不安があった。だが、その答えはイエスだった。金線の龍が躍動する極上の紙を発見したからだ。明代（十六世紀）にすかれた巻紙で、「雲龍紋箋紙（せんし）」とよばれる。

箋紙というからには、手紙を書くための紙である。縦は三十一センチで、横はどこまでも長い。ややクリーム色がかった白い紙のうえに、金色に線描された雲龍が連続して躍動している。

それは雲間ないし波間に遊ぶ金龍の連続した模様である。あまりにも見事な絵柄であり、印刷のようにも思える。だが、それが極上品の箋紙であることから判断すれば、金線の龍は

すかし紙に躍る金線の雲龍（明代）

手書きの可能性がつよい。この龍を写真にとったが（上図）、その姿は見えにくく残念だ。

ところで紙は、文房の四宝のなかでは、どうやら新顔のようだ。

文字は、殷代ではカメの甲羅やウシの肩甲骨に刻まれた。周代の記録は青銅器に刻まれた。秦の始皇帝が、一日に目をとおす公文書を百二十斤（六十キロ）と制限したのは有名だ。当時、まだ紙はなかった。公文書も、竹ないし木の簡に書かれていた。始皇帝は毎日山のように積まれる竹簡にうんざりして、重量制限をしたのだった。

紙の発明者は、後漢の蔡倫（一二一年没）である。そのころは竹簡や木簡とともに、絹や麻の布（帛）も用いられていた。だが、それはあまりにも高価なものだった。

蔡倫はまず、ボロ布や魚の網を材料として、試行錯誤をくり返した。やがて麻など植物の繊維を材料として一〇五年に「紙」を発明した。

紙という字は糸偏である。この製法の紙は安価であり、大量の生産が可能となったのである。『後漢書』によれば、蔡倫は、死の直前の和帝（わてい）に、自分の発明した最高の紙を献上している。

中国の文化は紙とともにある、といっても過言ではない。六朝の王羲之（おうぎし）などの書家たちの作品、唐代に白居易（はくきょい）や杜牧（とぼく）などと、ピンク色の便箋で詩文を交換した薛濤（せっとう）などの作品は、紙あってのこと。庶民のレベルでは、農家の新年の窓をかざる剪紙（きりがみ）や、葬儀などで焼かれる紙銭など、まさに枚挙にいとまがない。

中国の製紙の技術はまず朝鮮や日本につたわった。その後、唐軍とイスラムのアッバース朝軍が激しく戦ったタラス河畔（現在のキルギス共和国）を経て、アラビア世界へ、そしてヨーロッパに知られるようになる。それは古代エジプトのパピルスとは比較にならないほど、近代的な製紙法だった。

墨と同様、紙もまた宣紙など安徽産が有名である。

皇帝は、ふだん着でも龍とともに

「文房四宝」の四宝のそれぞれに龍がいた。文房四宝は中国の文化を代表するものであり、中国ではとても大切にされてきた。少なくとも歴史的には、そうだった。

皇帝は日常生活も龍とともに（清・康熙帝）

それらの締めくくりとして、ふだん着姿の皇帝に登場してもらおう。

上の図版は「康熙帝便装写字像」である。康熙帝は八歳で即位し、帝位にあること六十一年間、内政にも外政にも際だった業績をあげた。清朝は十七世紀から全盛期をむかえる。それはこの康熙帝の存在と大いに関係があることだ。

この絵も十七世紀後半のものと思われる。画家の名前は不明で、いわゆる佚名の作品である。おそらく名のある宮廷画家の筆になるものだろう。康熙帝が手に太い筆をもち、ふと顔をあげて、一息いれた構図になっている。

便装とは、ふだん着のことである（余談だが、軍隊では正式な軍服ではなく、その地方の住民の服装で敵地に入る部隊を、便衣隊という）。

威儀をただしたときの皇帝の服装である龍袍は、胸に大きくデザインされた龍をはじめ、全体、これ龍であった。だが、さすがの皇帝も便装には龍がいない。絶対的な支配者としてではなく、ふつうの人にもどった顔がいい。

しかし、こと調度品となると、話はまるで別である。筆と硯、墨、紙などの龍は、いわば当然である。それに加えて、背後の屏風にも、足のしたの絨毯にも、龍たちが飛翔し、跳躍している。

この絵には、写真では分からないが、赤と黒の強烈なコントラストがある。赤は皇帝の帽子と絨毯の色。黒は龍である。黒を基調とした龍は、まさに雲間を天翔けている。雷をよび、雨をふらせる龍である。天子としての皇帝のバックには、格好の絵柄といえる。

この龍のタッチは、陳容の筆になる「黒龍図」に似ているかも知れない。陳容は南宋（十三世紀）の人。生没年などは不明であるが、科挙の試験に合格した後、地方豪族のブレインとなっている。文人画家として知られ、その号を所翁といった。「黒龍図」をはじめ数多くの墨絵の龍の作品があり、「所翁の龍」とよばれる。

欧米には、中国や日本などアジアの美術品がかなりある。ロンドンの大英博物館やパリのギメ美術館などである。その美術品の多くは、欧米列強によるアジア侵略という歴史的な背景のなかで、かの地にわたったものだ。二〇一二年、横浜で開催された「ボストン美術館の至宝」展のなかに、陳容の「九龍図」があった。

本節で扱ってきた「龍の変化」は、実質的には、龍に対する人間の認識の変化でもある。その大きさが中国ではどのようなものか、すでに見てきたとおりだ。

韓国では、どうか？　思いたって韓国の首都ソウルまで「龍の美学展」を見にいったのは二〇〇〇年正月のこと。二回目の韓国旅行だった。湖林（ホリム）博物館で、十世紀から十九世紀までの文物（その多くは国宝）を、三時間かけてじっくり鑑賞。国立中央博物館や国立民俗博物館でも「龍」の展示があり、すべて見学した。韓国には独自の龍の文化と美学があった。

ベトナムの首都ハノイの旧称は、タンロンである。ベトナム語で、ロンは龍を、タンは昇るを、それぞれ意味する。タンロン（昇龍）を首都名とする李朝の創始は一〇〇九年のこと。また、ベトナムの水上人形劇は有名である。ホーチミン市（旧サイゴン）で、水の上を流れるように動く龍をみて感動したのは、二〇一八年七月のことだった。

五　龍は、どのように語られてきたか

龍頭蛇尾は、もともと禅問答から

龍のことを、人びとは、どのように語ってきたのだろうか。それを調べはじめたら、きっと長大な「ネバー・エンディング・ストーリー」になるだろう。それを承知のうえで、ここでは故事やことわざから始めてみよう。あとで触れる「登龍門」は、日本でも中国でも、好んで用いられるものである。

しかし、中国では、まずお目にかからない表現に「龍頭蛇尾」がある。以前からそのことを漠然と感じていたが、今回はその理由を発見した。

龍頭蛇尾の出典は、宋代の禅問答の本『碧巌録』である。この本を著したのは圜悟克勤（一〇六三～一一三五）である。その内容は、雲門禅の巨匠とされる雪竇（一〇五二年没）が選んだ公案に注釈を加えたもの。

雪竇は姓を李といい、四川省の人である。幼いときから仏書を好み、両親が死んだ後に出家した。禅宗の修行には、独特の研究課題があり、公案とよばれる。その公案の内容は、主として祖師の言葉や行動であり、問答の形式で展開していく。それを読みながら、知識をた

『碧巌録』の表紙（国立国会図書館蔵）

くわえ、思考力をつけていく。一つのまとまりを「則」といい、それを数える単位とする。

さて雪竇は、公案の数があまりに多すぎるので、重要なものを百則だけ選んだ。それに圜悟が簡単な注をつけたのである。これが『碧巌録』である。その第十則のタイトルは「睦州(ぼくしゅう)、掠虚頭(りょうきょとう)の漢」である。「垂示(すいし)にいわく……」とはじまる公案は、門外漢にはチンプンカンプンだ。問題の個所は次のようである。

「……似たること則ち似たり、是なることは則ち未だ是ならず。ただ恐らくは、龍頭蛇尾ならん……」

禅問答はそもそも、知的な訓練のために編まれたものだ。だが、何やら煙にまかれたような印象もある。引用文の前後のストーリーは、こうである。睦州の寺に見知らぬ僧がやって来たときのことだ。「どちらから?」と聞いたのだが、くだんの僧はそれに答えず、「喝ーっ」と一喝したという。

それは見事な大喝であり、まるで雷のように、あたりを威圧したという。禅宗ではいったい、この喝が、ポイントとなる。タイムリーに、しかも大きな喝を発することは、主導権を自分のものにする方法である。

その雷鳴のような大喝にもかかわらず、「あやしい」と疑った者がいる。それは睦州の寺の僧である。彼は、くだんの僧は、それほどの見識をもたない、「龍頭蛇尾」のにせ者だろう、と見破ったのである。

この「龍頭蛇尾」という表現は、中国では、ごく一部の宗教関係者だけが知る表現のようだ。陳濤（ちんとう）主編の『日漢大辞典』では、以下のような「龍頭蛇尾」に関する例文と訳文がある。

「龍頭蛇尾の計画」→　虎頭蛇尾
「龍頭蛇尾の講演」→　有始無終

と。「虎の頭、蛇の尾」であり、「始めあり、終わりなし」なのである。

陳濤さん（一九九〇年没）は戦前に慶応大学を卒業され、中国の日本語研究界の重鎮だった。龍頭蛇尾は、初めのうちは勢いがよいのに、終わりにポシャッてしまうことである。本書の龍も、龍頭蛇尾にならないよう、最後まで、気を引きしめていきたいものだ。

あたかも龍が飛んでいる筆づかい

十世紀からの宋（そう）代は、「文高武低」の時代である。学問や芸術は盛りをきわめた感がある。宋学とよばれる哲学が発達した。文学でも、蘇東坡などの詩人は、不朽の名作をのこした。徽宗皇帝は、風流天子の異名をもち、天才的な画家であり、書家だった。

だが、内外ともに多難な時代でもあった。宋江を中心とする農民暴動があり、それは『水滸伝』のモデルとなった。北からはツングース系の金が侵攻し、朝廷は長江（揚子江）の南の杭州へと移ってしまった。これが南宋である。

そうした時代に、僧の恵洪が『冷斎夜話』を書いている。北宋の文人や墨客のエピソードをまとめた本である。張という宰相がいた。宰相は皇帝を助ける最高の政治的ポストである。張宰相はまた、書道にも強い関心をもっていた。

彼が一番好んだのは草書だった。ただ、書家たちはそれが正規の書体ではないとして、あまり高く評価しなかった。

ある日のことである。張宰相の心にいい文句が浮かんだ。宰相は筆をとり、墨をたっぷりふくませると、一気呵成に書きおえた。それはまさに「龍や蛇が飛び動く」筆づかいだった。満足そうな顔の宰相に、横にいた人が聞いた。

「何と、書かれたのですか」と。

自分で書きおえたばかりの書をにらみながら、張宰相の顔がしだいに青ざめてきた。

「ム、ムッ……？」

と繰りかえす。書いたばかりの字が、他人だけでなく、なんと自分にも判読できなかったのである。

漢字の発明と、その書き方（書体）の創造は、中国の独壇場である。すでに第二章でみたように、三千年以上前の文字は、絵さながらである。それがしだいに抽象化され、漢字への歩みをはじめたのだった。

自分の書いた字が読めなくなった「龍蛇飛動」

紀元前二二一年、秦の始皇帝は天下を統一すると、文字も統一することにした。文字の標準化を断行したのである。それまでの文字は、各国ごとにバラバラだった。

秦の宰相の李斯らが基準をつくり、それ以外の文字を追放した。この書体が篆書体であり、中国初の字書である『説文解字』の基本字母となった。

漢代の前半、あまりに複雑な篆書を簡略化して、隷書体がつくられ、一般に用いられた。現在もっともよく用いられる楷書体は、漢代の中葉、今から二千年前につくられたものである。

さらに早く書くために行書体が、漢代の後半につくられた。宋の張宰相の故事となった草書は、行書をさらに簡略化したもので、三世紀ころにつくられた書体である。

「龍蛇飛動」は、力強く、躍動感のある筆づかいとして、ほめ言葉である。それは日本ではあまり使われないようだ。ただ中国では、故事をふまえた高尚な表現として、好んで用いられる。

龍に目玉をいれて、ほんとに完璧

五世紀から六世紀にかけての中国では、短命の王朝が交替をくりかえした。南北朝の時代である。南朝の梁は、今の南京を都とし、かなり栄えた国だった。

張僧繇は、その梁の国の右軍将軍という、軍の指導的なポストについた人物である。だが歴史的には、彼は軍人としてよりも、画家として名高いのである。絶品「女史箴図」で知られる顧愷之や、人物画をよくした陸探微とともに、張僧繇はじつに「六朝の三大画家」に数えられる。

その張僧繇が最も得意としたのは、龍の絵だった。ある日、彼は求めに応じて、安楽寺の壁に四匹の龍を画いた。それは出色のできばえであり、まさに真に迫るものだったという。ところが、それらの龍には目玉が画きいれられていなかった。寺の住職が張にたずねた。

「張先生、どうしてこの龍には睛が画かれていないのですか？」

「ウム、それがしの筆になる龍は、ただの龍の絵ではありません。もしも、睛を画きいれようものなら、絵の龍はたちどころに活きたものとなります。この壁を破って中から脱けだし、天のかなたへと飛び去るでしょう」

これには、周囲の人たちが大声をあげて笑ってしまった。

「ご冗談を！」

「張先生、ホラもいい加減にしてください」

すると、張僧繇はやおら絵筆を取りあげ、二匹の龍に睛を画きいれた。一同はかたずをのんで、壁の龍を見守る。しばらくすると、実際に雷が鳴りだし、にわかに雨がふりだしたのだ。

睛を画きいれると龍はたちどころに……

龍が二匹、ほんとうに壁から脱けだし、雲にのり、天高く昇っていくではないか……。画家はまだ濡れている絵筆を手に、昇天する龍を満足そうに見送った。それまで笑いこけていた人たちは、腰をぬかしてしまった。彼が睛を画きいれなかった二匹の龍は、そのまま安楽寺の壁のうえに残ったままだった……。

この話は、唐代の張彦遠の名著『歴代名画記』のなかにある。画龍点睛の故事である。『名画記』は全部で十巻からできている。前の三巻は絵画学の概論であり、「教化を成らせ、人倫を助ける」ものとして、絵画をさまざまに論じている。

残りの七巻は、神話のなかの黄帝から唐代まで、合計三百七十三人の画家と、その作品を分析し、評価をあたえている。

『名画記』の内容には、歴史的な事実もあり、伝説や伝承に属することもある。ただ中国では、絵を学び、絵を論じる者にとって、必読書の一冊であるのは確かだ。

さて、画龍点睛であるが、張僧繇や安楽寺は実在の人であり、実在の寺である。龍の昇天については、読者のご想像にお任せしよう。この故事は、一番大切な仕あげをすること、少し手をいれて全体を引きたてる、という意味である。その一歩まえの段階が、「画龍点睛を欠く」である。

臥龍とは、待望される天才のこと

姓は諸葛、名は亮、字は孔明（一八一～二三四）は、楊貴妃とならんで、日本人に最もよく知られた中国史上の人物であろう。

山東省に生まれた孔明は、若いころに両親をうしない、黄河ないし長江（揚子江）の中流域に居をうつしたとされる。農耕のかたわら、読書に親しみ、悠悠自適の暮らしをしていた。思索を好み、詩作にも精を出していた孔明である。この時代の孔明を「臥龍」と形容したのは、四川省の歴史を書いた『蜀志』のなかの「諸葛亮伝」である。

龍が臥せているとは、天才がいまだ時を得ずに、じっと潜んでいるという意味である。龍はたとえ臥せていても、ひと雨あれば、一気に勢いを得て、天までも駆け昇るのである。

その孔明が龍のように臥せていた場所は、どこか？　それには少なくとも二つの可能性がありそうだ。一つは、湖北省の襄樊である。もう一つは、河南省の南陽である。

いずれも孔明が草ぶきの小屋に住んでいたとされる。湖北では、その場に「古隆中」という牌楼が建てられている。河南では、そこをとくに「臥龍岡」とよんでいる。

「三顧の礼」の舞台は、ここ（湖北省・古隆中）

そのどちらかが、「三顧の礼」の舞台である。漢朝の血をひくとされる劉備が、無名の人材を起用するために、自ら三度も足を運んだのである。それは身分関係の厳然としていた当時にあって、とても信じられない行為だったといえる。

「やっちゃらんない！」

短気な張飛は、こう言い放ったにち

がいない。ヒゲの関羽（かんう）は、キッと張飛をにらみつけたことだろう。馬上の劉備は、そっと草ぶきの小屋のなかの気配をうかがう……。

この劉備、関羽、張飛の三人は、満開の桃の花のもとで、「死ぬときは共に」と誓いあった仲である。これに天才的な軍師が加われば、まさに向かうところ敵なし、だ。

孔明はその期待にそむかなかった。まず劉備に献じたのが「天下三分の計」である。それは混迷する当時の状況を、まさに的確に分析したものである。劉備の蜀、曹操（そうそう）の魏（ぎ）、孫権（そんけん）の呉の三国を中心として、いずれ天下の争奪戦が展開されることを予測したものだった。

赤壁の戦い（二〇八年）では、孔明は孫権を味方につけ、優勢をほこる曹操軍を、知略によって打ち破ったのだった。孔明のその知略はとどまるところを知らず、敵対する魏国や呉国の王侯や軍師から恐れられた。「死せる孔明、生ける仲達（ちゅうたつ）を走らす」などが、その最たるものである。

また、孔明にたいする劉備の信任は厚かった。それは主従の関係をこえ、ある種の親交だったとされる。劉備が即位して皇帝となった後、孔明は宰相となり、蜀の国力の充実に努力した。孔明はさらに、名文家としても知られる。劉備なき後、幼君の劉禅（りゅうぜん）が出陣するにあたり、孔明は二回にわたって上奏文をものしている。

「出師（すいし）の表（ひょう）」には前と後がある。いずれも忠誠と憂国の至情にあふれたもので、古今の名文の模範とされている。成都（四川省）の武侯祠（ぶこうし）には、南宋（なんそう）の岳飛（がくひ）の筆になる「出師の表」が壁に彫られている。現在の中国では、中学の国語のテキストでそれを習う。

日本のファミコン・ゲームでも人気の高い『三国志』である。この歴史書を小説化した長編『三国志演義』（明、羅貫中（らかんちゅう））が日本語訳されたのは、江戸時代のことである。

そこを、鯉が登れば、龍となる門

第三章でも紹介したように、黄河を流れくだる激流があり、龍門（ロンメン）と呼ばれている。この激流（すなわち門）をあえて登りきれば、川の鯉もついには龍となり、空を飛ぶことができるという。その場所は、陝西（せんせい）と山西の両省の境である。

この登龍門の故事は、中国の人間くさい物語と関係がある。

二世紀、後漢の時代のことである。漢朝は前後あわせて約四百年の歴史がある。唐朝とならんで、中国が政治や経済、文化など、あらゆる分野できわめて繁栄した時代である。

その漢朝にも、さすがに陰りが見えはじめた。皇帝の資質は低下し、それに乗じて宦官（かんがん）が中央の政治を牛耳るようになる。宦官とは、自ら男性のシンボルを断ち、それを代償として政治の中枢へと潜入した男である。それは自らの足をたわめて、セクシャルに振る舞う女の纏足（てんそく）と同様、中国の歴史のなかの二つの奇習であり、恥部であろう。

しかし、どんな濁流のなかにも、清らかな志の人はいるものだ。

李膺（りよう）（一六九年没）も、その一人である。声望のある役人で、宦官の一味とことごとに対

「登龍門」の故事は人間くさい

立した。その彼が、逆に誣告（ぶこく）され、終身の公職追放となる。

霊帝（れいてい）（後漢、第十二代）が即位した後、李膺の才能をおしんで召還した。李膺は自分の政治思想からも、また皇恩に報いるためにも、再び宮廷内に巣くう宦官勢力の一掃をはかろうと試みた。しかし、事前にことが発覚して、今度は殺されてしまった。これが後漢の歴史の汚点ともいうべき「党錮（とうこ）の獄」である。

非業の死をとげた李膺であるが、人びとは彼のことを記憶していた。彼に面会すれば、その人の才能に応じて、必ず評価してもらえた。李膺に会いさえすれば出世できる、とまで言われたほどである。

いわゆる人間関係学、すなわち人と人との関係の調整は、いつの時代でも、なかなか処理が難しいものである。いわゆる「発達」「繁栄」「進歩」した国や場所では、人間関係がやっかいである。とかく複雑で、ややもすれば陰湿である。

むしろいわゆる「未開」「後進」「貧困」とされる場所では、思いやりのある、温かな、ストレートな人と人の関係が見うけられる。

中国語では、こうした人間関係学のことを、話し言葉で、拉関係（ラークワンシ）という。それは外国人にとって、目には見えない網であるが、四方八方に張りめぐらされている。この拉関係は、中国との付きあいが深くなると、どうしても無視できなくなる。時にそれを、わずらわしく感じることもある。同時にそれを通じて、中国社会をより鋭く、より深く観察することもまた可能であるようだ。

登龍門の故事はこのように、鯉が試練をうける場所のことから転じて、人間が出世栄達する関門として用いられるようになった。それは日本も中国も同じである。中国では登龍門のことを、「李膺門」ともいう。また、「李門」「膺門」とだけ表現することもある。『後漢書』には、とくに彼のことを書いた「李膺伝」がある。

余談になるが、五月晴れの青空を、風に向かって泳ぐコイノボリは、日本人による数少ない「発明」の一つであるようだ。

もし、逆鱗に触れれば、命はない

紀元前三世紀、戦国末期の思想家に韓非（かんぴ）がいた。彼は戦国七雄のひとつ韓の国の人であり、学問上の師は荀子（じゅんし）である。彼の著作が『韓非子』であり、社会の規範は法律であるという法家の立場にたっている。

その『韓非子』のなかに、「逆鱗（げきりん）」が出てくる。

——龍という動物は、うまく馴らせば、人がそれに乗れるほど、おとなしい性格となる。ところが、龍の喉（のど）の下に直径一尺もある鱗（うろこ）が逆向きにはえている。もし、これに触れようものなら、たちまち龍にかみ殺されてしまう。君主にも、この「逆鱗」があるから、それに触れないようにして進言すべきである。そうすれば必ず成功するだろう……。

龍の体の特徴などは、これまで何回か触れてきた。しかし、逆鱗については、これが最初である。それというのも、この言葉はどうやら韓非の発明らしいからである。

ただ、韓非の言わんとしているのは、龍のことではない。他人を説得することの難しさについてである。しかも相手が上司や帝王であれば、説得の難度はさらに高まる、というものだ。

なにしろ帝王たちは、生殺与奪の大権をもっている。進言は命がけの行為なのである。しかし、戦国時代のインテリは、それを承知のうえで、自分の思想を開陳することを使命としていた。

この「逆鱗」のくだりは、『韓非子』のなかの「説難（ぜいなん）」篇の結論の部分である。その前にも、なかなか興味ぶかいくだりがある。それは衛の国の王を例にとって、帝王の身勝手さを描いている。

——衛君の寵愛（ちょうあい）を受けている美少年がいた。衛の国の法律では、特別の許可がなくて君主の車にのれば、足切りの刑である。ところがこの美少年は、母親の病気を口実に車にのったり、自分が美味しいと思った桃を半分だけ食べ、その残りを君主にすすめたりした。衛君はそれを「母親思いでよろしい」「君主思いだから」という理由でプラスの行為と評価した。だが、美少年の容色がおとろえると、衛君は前言を撤回し、すべて許しがたい言動とした……。

「法治」を主張した韓非の像（河北省・秦皇島「戦国風情」）

韓非の真意は、相手の心理と、その変化を計算したうえで、真剣に説得工作をせよ、ということであろう。

歴史はときに非情である。韓非は歴史の変化を見ぬき、社会の原理が「礼」から「法」へと交替することを予測した。その学説は、まことに残念ながら、彼の故国の韓では採用されなかったのである。失意のうちに彼が訪れた秦国において、結果的に『韓非子』の思想が受けいれられることになるのだ。

あの始皇帝の政治原理は、基本的に、法家の立場である。だが、韓非その人は毒殺されてしまう。下手人はこともあろうに、ともに荀子のもとで学んだ李斯だった。彼はすでに秦国の宰相をしていたが、韓非が秦に来たことに恐れをなしたのである。韓非の才能は、学友を恐れさせるほど鋭いものだった。

後世、李斯の評価が低いのは、韓非を謀殺したからとされる。

いくら龍を好んだ葉公でも、もし

中国人の龍好きは、数千年にわたり、上は皇帝から下は庶民まで、という具合である。皇帝が龍をどんなに専有したとしても、人民にはやはり対抗手段があり、民話のなかに龍を登場させたり、龍の素朴な絵や像を楽しんでいた。

龍を空想した中国人は、夢を食べてしまう貘という動物も想像し、作りあげた。その空想力により、龍を実在の人物と結びつけた話がある。「葉公、龍を好む」である。

葉公は実在した人物であり、孔子とおなじ時代の人である。この二人は実際に会って、話したこともある。『論語』にも三回ほど葉公のことが出てくる。

当時の孔子は、諸国を遊説し、各地で政治の指導者に会っている。その目的は、自分の学説を理解してもらい、政治に反映させることだった。だが、「仁」や「義」を内容とした学説に耳をかたむける者はいなかった。

要するに孔子は、人徳はあったが、貧乏なインテリだったのである。

葉公は、南方の大国の楚の重鎮であり、葉県（現在は河南省）の地方長官だった。『史記』などの記録から判断して、葉公はきわめて人望ある政治家だった。それは自国の楚だけでなく、他の諸国にまで知られていたようだ。

この葉公には、一つの癖があった。龍を、ことのほか好んだのである。葉公の屋敷の梁（はり）や柱、壁などで、龍でデザインされていない所はない。絵や書など、龍と名のつくものは何でも収集した。自身も、龍をあしらった着物をいつも着ていた。

自他ともに認める葉公の龍好きだったが……

それほどまでに、葉公は龍が好きだった。

天の龍は、それを知って悪い気はしなかった。その理由はたぶん、人間からは恐れられることが多かったからだ。人間どもは、敬うと同時に、遠ざけている、と龍には感じられた。敬遠である。どうやら、楚の国の指導者である葉公は、一般の人間とかなり違うらしい……と。

ある日のこと、龍は、ほんとうに葉公を表敬訪問することにした。雲をしたがえ、一陣の雨とともに、地上の葉公の庭に降りたったのである。葉公の住まう家の窓から、龍は首をだして、あいさつを……と考えたのだった。

問題は、葉公の対応だった。

あれほどまでに愛好していた龍である。その龍との対面が現実のものとなろうとは、さすがの葉公も想像していなかったのである。そんな訳で、窓から龍の顔がニューッと入ってきた時、葉公は思わず、「助けてーっ!」と叫びながら、逃げだしてしまったという。

この話はじつは、『荘子(そうじ)』のなかに出てくる。老子(ろうし)の難解な思想を、ときにときに納得させるように書かれた『荘子』である。ある学者は、この葉公と龍の話は、公にとって、ある種の「有名税」であるという。「葉公、龍を好む」とは、似て非なること、また名ばかりを好んで実を好まないこと、のたとえである。

葉公の名誉のために付けくわえておくと、彼はやはり人民のためや人生の真理を真剣に考えた人物である。余談ながら、葉公と孔子にはこんなエピソードもある。彼が孔子の弟子の子路(しろ)に、「孔子はどんな人か?」と質問したことがあった。子路は師があまり偉大すぎて答えられなかった、と『論語』にはある。

神の龍を感じて、生まれた王者たち

中国人は自分のことをよく、「龍の子孫」であるといい、「龍の伝人(伝えている人)」であるという。

これからは、神や人の誕生と龍の関係について、また神話や民話のなかに登場する龍につ

いて考えてみたい。どの民族であれ、神話の内容は、まさに英雄カタログである。そうした英雄像は、ほとんどの部分が想像ないし伝承によるものであろう。だが、少なくともその一部分は、民族の体験であり、何らかの史実をもとにしていると考えるべきだ。

　中国の神話にも、数多くのヒーローやヒロインたちが登場する。例えば農業や医薬の祖とされる炎帝（すなわち神農）などの三皇がいる。さらに、中華の祖とあがめられる黄帝などの五帝もいる。

　これらの神のなかでは、あとでまた触れることになる女媧を除けば、すべて男性ということになる。ここで注目すべきことは、それらの神の誕生の経過と、母親のことである。

炎帝（神農）は三皇の一人、農業と医薬の神である

「女登は、神龍を感じて、炎帝を生んだ」

「附宝は、北斗を感じて、黄帝を生んだ」

　このように史書は記している。女登が炎帝の母親であり、附宝が黄帝の母親である。どうやら彼女たちはヒトであり、神ではないようだ。人間の女が「神」を生むことは、やはり一種の

「謎」と言わなければならない。

神とは、ある種の天才であり、超能力の持ち主だった可能性がある。そうした神の父親が、史書では、まったく触れられていない。それは「謎以上の謎」である。神には、父親が不在であり、母親が神秘的な体験をしている。これが共通点である。

この謎ときは、古代の人間社会のなかにある。四百万年ほど前に誕生したヒトは、木の実や魚、獣を食料としてきた。いわゆる漁労と採集の生活である。そのヒトが農業をやりだしたのは、わずか数千年前のことだ。農業以前、気も遠くなるほどの期間、ヒトの社会の形態は母系制だったという。

ところで、地大物博の中国には、今なお母系制の名残をもつ場所がある。四川省と雲南省の境にある瀘沽湖（ろこ）の一帯であり、そこは美しく神秘的な場所だ。一九九〇年の春、そこを取材したことがある。

モソ族やナシ族など、五つの少数民族が、瀘沽湖（ろこ）を中心に、平和な半農半漁の暮らしをしていた。湖にのぞんで建てられた彼らの家は、木材をたっぷり用いてある。ログ・ハウス風ともいえるし、奈良の正倉院のようでもあった。

そして、家長は確かにおばあさんだった。女たちは自分の個室をもつが、男の部屋はない。夜、手土産をもった男が、女を訪ねてくることはある。チョイスの権限は、女性に属している。ただそれは固定した関係ではなく、「行婚（こうこん）」ないし「走婚」と呼ばれる。取材に先だつ打ち合わせのなかで、中国側から「子供の父親のことだけは、話題にしないように」と強く注意された。

母系制の社会では、このように父親の存在感はうすい。だがしかし、ある男が非凡な才能を発揮し、超人的な業績を残した場合は、別である。彼は「神」となる。その母親は北斗七星や龍に感じて、彼を生んだことになる。神の偉大さを証明するもの、それが龍だ。

龍と黄帝と鼎との、不思議な関係

黄帝は中華の始祖であり、神話のなかのスーパー・ヒーローである。その黄帝は、母が北斗の「気」に感じて生んだもので、各地での戦いに勝ち、帝王の座についたという。

中国の歴史書のさきがけとなった『史記』がある。その「封禅書」のなかで、黄帝の人生のフィナーレについて、司馬遷は次のように書いている。

「……黄帝が荊山のもとで鼎づくりに励んでいた。苦心のすえに鼎が完成したときのことである。天から一匹の龍が迎えにきたのである。黄帝は龍の背中にのり、側近や親族の数十人もそれに同行した。それ以外の龍の髯につかまり便乗しようとした者たちは、髯がぬけて落ちてしまった……」と。

この短い文章から、数多くのことを読みとることができる。

封禅とは、帝王のとり行う儀式のことである。一般には、泰山（山東省）のような高い場

黄帝が鼎をつくり、白昼に昇天したとされる荊山の遺跡（河南省）

所で、祭壇をつくり、天の神と地の神を祭るのである。それを主催するのが、天の子としての天子である。秦の始皇帝も、漢の武帝も、政治上の重要なタイミングでは、この封禅の儀式を行っている。このように、天地の神を祭るという儀式は、じつは地上の人間界をとても強く意識したものである。

荊山は河南省に実在する山である。さほど高くはないが、見晴らしがよく、周囲には果樹畑がどこまでも広がる。その一帯には、黄帝の鼎づくりの伝説がいまなお残っている。そこは、日本の唱歌「箱根の山」で知られている函谷関の西南、約二十キロにある。

よく誤解されることの一つに、青銅の色がある。あの緑青をふいた色は、じつは銅のサビの色で、青銅の色ではない。それが地中に埋もれ、サビついたのである。完成したばかりの青銅は、緑青の色からは信じられないことだが、まさに金色に輝いている。

長いながい石器時代をぬけだしてから、ようやく金属器時代である。当時の人たちの目に、金色に輝く青銅器はまぶしかったはずだ。銅と錫を溶かして混ぜると、青銅ができる。この合金をつくる技術は、画期的な発明であり、帝王の業績としてふさわしいものだ。

黄帝の鼎づくりには、こうした背景があった。今から約三千年前、殷から周にかけて、中国は本格的な金属器の時代にはいった。その超ハイテクの業によって、生産のやり方も、戦争のやり方も、大きく一変したはずである。

鼎は当然のこと、祭儀の道具であって、実用品ではない。河南省の洛陽には、周代の城跡とされる王城公園がある。その入り口には、高さ約三メートルの青銅の鼎がある。

さて、黄帝が鼎をつくり、お迎えの龍にのった場所である。そこはいつしか湖になり、後世、鼎湖とよばれるようになった。

「龍が鼎湖にいく」という表現がある。

日本ではまず使われない。それは帝王が死ぬことを意味する。ただ中国人は、黄帝は死んだのではなく、龍にのって昇天した、と考えたのである。それは命に限りある一般の人間を超越して、不老不死の存在――仙人となるという、神仙思想のもっとも古い源といえるだろう。

シルクロードに、龍の女神がいる

絹の道――シルクロードといえば、日本人の夢とロマンをかきたてる。二千年の昔、中国の絹がラクダの背にゆられ、砂漠のオアシス都市を経由して、ローマまで運ばれたという。ローマでは、絹と金とは、同じ重さで取り引きされたことさえあったのだ。

その絹は日本では、万葉集にも詠まれている。和歌山の新宮や東京の八丈島では、養蚕を教えたのは、中国の徐福だとする伝説がある。山梨の富士吉田では、徐福が機織りの神様となっている。

秦の徐福は、始皇帝の命令により、不老長寿の薬草を探すために、東の海へと船出したという。漢は、秦のつぎの王朝であり、第七代の武帝は、母親が龍を感じて生まれたとされる。この武帝により、シルクロードが開拓されることになる。

武帝の目的は、いつも北の方から攻めてくる匈奴に対抗することだった。そのために、はるか西にある勢力をもつ国と、軍事同盟ができないだろうか、と考えたのだった。こうして、現地の調査をすることになった。

軍人の張騫を派遣して、現在の新疆の一帯、当時の地図では「空白」となっていた西域を調べさせた。張騫はじつに十三年をかけて、いまのロシア南部やアフガニスタンあたりまで、自分の足であるいて調査してきた。ところで、

　女媧が黄色の土をいじくっていた
　まるめて無知で愚かな人を作った……

と詠んでいるのは、唐の詩仙とされた李白である。天才肌の彼からみれば、他人はどうせ

「無知で、愚かなヤツ」だったろう。

その李白は、青い目をした西域の人だった、とする説がある。唐の都の長安には、日本からの遣唐使だけでなく、数千人の外国人がいたという。八〜九世紀の唐の長安は、バグダッドとともに、世界のなかでも最も栄えた場所だった。

女媧については、すでに紹介した（二六頁参照）。男の神の伏羲（ふっき）が天地を開闢（かいびゃく）し、女の神の女媧が土から人間を作った、と中国の神話にはある。左の図版は、シルクロードのトルファンから出土した絹絵である。唐代の芸術的な作品である。

西域風の女媧と伏羲の表情

その女媧も伏羲も、西域の顔であることに注目したい。漢族の顔ではない。どちらも目が大きく、男にはヒゲがある。さしずめ今の新疆ウイグル族というところだ。人種的には、イランやトルコなどの中東系であろう。

そして、二人の下半身は、やはり龍である。漢代の学者の王符（おうふ）は、龍は

「腹はミズチに、脚はトラに」似るとしている。龍の九似説である。漢代にほぼ完成したとされる龍のイメージが、唐代には、遥か遠くの西域にまで伝わっていたのである。

ウイグル族の友人から、興味ぶかい話を聞いた。新疆では、龍をとくに話題にすることはないという。漢族の伝統的な考えとは逆で、龍はどこか恐ろしい、むしろ不吉なものと考えられている。龍はその形からして、どこか怪物のようであり、何か災難や具合の悪いことをもたらすのでは……と。

キジル千仏洞の壁画には、白い龍

シルクロードといえば、日本人は敦煌（とんこう）を連想するだろう。それほど敦煌は有名である。しかし、敦煌や前項のトルファンはじつは、西域への入り口にすぎない。その先にほんとうの「流砂の世界」が広がっているのである。

大まかな地理でいえば、新疆（しんきょう）には、北側に天山山脈が東西に走り、その南にタクラマカン砂漠がある。いわゆるシルクロードは、次の三本である。天山の北をいくのが天山北路。天山の南、砂漠の北をいくのが、天山南路。砂漠の南をいくのが、西域南道である。

天山南路にあるキジルを最初に訪れたのは、一九九五年八月六日、夜八時すぎのことだった。まる一日、砂漠のなかの道を三百キロ以上も走った後、緑のオアシスにたどりついた。このときの感動と安堵（あんど）感は、ちょっと表現できない。

八時とはいえ、まだとても明るい。気温は三十二度もある。これくらいの温度は、乾燥地帯ではあたりまえだ。ここが有名なキジル千仏洞の遺跡である。こちらの気持ちも高まる。それに何日かぶりで、熱いシャワーにありつけそうだ。ホテルはどこかモスク風であり、入り口に大きな鳩摩羅什（クマラジュウ）の座像があった。

千仏洞とは、あまたの仏のおわす場所のこと。今でこそ、砂漠のなかの小さな仏教遺跡にすぎないが、かつては繁栄した仏教の聖地だった。二世紀の漢から、八世紀の唐まで、キジルには無数の寺院が建ちならび、善男善女が集まる場所だった。

龍を食べる迦楼羅（新疆キジル千仏洞）

仏教はシルクロードをとおり、西から東へと伝わっていった。キジルは中国でも最古の仏教遺跡であり、敦煌などの先輩格である。

そのキジルの第三十八窟の壁には、黄金の怪鳥・迦楼羅（かるら）と、純白の龍が画（えが）かれていた（図版）。背景はまっ青の空である。千数百年の歳月を経てなお、画像は鮮明であり、色あせていないことに、心の底から驚いてしまう。

迦楼羅の別名は、金翅鳥（こんじちょう）である。仏教の説話では、迦楼羅がその金色の羽根をひろげると三百六十万里にもなるという。そして、よく口から火をはく。迦楼羅が一日に食べるのは、大きな龍一匹と、小さな龍五百匹である。壁画に画かれている白い龍は、さしずめ小さなものだ。

ところが、と仏教説話はつづく。龍のなかには毒をもつものもいる。龍を常食としている迦楼羅は、とうとう毒にあたり死んでしまう。仏はそれを憐（あわ）れんで、迦楼羅を弟子にとる。仏の慈悲心に感動した迦楼羅は、仏教をまもる護法神となった……という。

インドの仏教のなかのナーガ（龍）は、このように中国の龍とは大ちがいである。何しろ、龍を一日に数百匹も食べてしまう怪鳥が登場する。その背景と意味について考えることは、将来の宿題としたい。

ちなみに、日本の伎楽（ぎがく）では、迦楼羅のお面をもちいる。じつは迦楼羅の語源は、サンスクリット語のガルダである。また、インドネシア国営の航空会社の社名「ガルーダ」は、仏教とともに伝わったガルダ（迦楼羅）が、そこで現地音となったものである。

ヘラクレスに退治されるドラゴン

龍と「似て非なる」ものに、ナーガやドラゴンがいる。インドのナーガの起源とされるクロコダイル（ワニ）や、百の頭をもち、火をふくヨーロッパのドラゴンについて、また『聖書』の世界にみる「赤きドラゴン」が、キリスト教の天使たちに攻撃され、撃滅されることは、すでに第一章で紹介した。

さてここでは、ギリシア神話のなかに、ドラゴンの「前身」を調べてみたい。意外なことに、ギリシア神話の世界もまた、ドラゴンないし、ドラゴンに似た「怪物」たちでいっぱいだ。ゼウスのドラゴンとの死闘、アポロンのドラゴン退治、英雄カドモスのドラゴン退治、王子イアソンのドラゴン退治、そしてヘラクレスのドラゴン退治……。

もうすこし具体的に、それらのストーリーを追ってみよう。

ゼウスは、ギリシア神話のなかの最高神であり、社会の秩序や天候をつかさどる。父のクロノス神を追放し、自ら王位についたという「剛の者」である。そのゼウスが死闘をくりかえした相手が、翼をもつドラゴン（テュポーン）である。両者の格闘で、ゼウスは不覚にも、「神の鎌」をテュポーンに奪われてしまい、その鎌で、手足の腱を切り取られてしまう。最後は、テュポーン目がけて、ゼウスは火山（エトナ山）を投げつけ、ともかく決着をつける。いちおうゼウスの「ワザあり」だが、最終決着は、英雄のカドモスにゆだねられる。このほか、ドラゴンをめぐる神話をいくつかご紹介しよう。

アポロンはゼウスの子であり、光明や音楽、医術をつかさどる。レトを母として、デロス島に生まれたアポロンは、誕生して間もなく、母の仇敵であるドラゴン（ピュトーン）の退治に出かける。泉のほとりに住むピュトーンは、アポロンによって射殺されてしまう。

英雄カドモスは、やがてテーバイ国の王となる人物である。彼はなかなかの知恵者であ

英雄カドモスの従者をかみ殺すドラゴン（H. ホルツィウス作）

り、牛飼いに変身して、翼をもつドラゴン（テュポーン）を安心させる。しかも、魔法の牧笛でドラゴンを眠らせ、ゼウスの腱を盗みだすのである。その後、従者がドラゴンに殺されたことに怒ったカドモスは、石でそのドラゴンを打ち殺したという。

　王子イアソンは、叔父からの難題を解くために、遠い東の世界に出かける。そこには黄金の羊の皮があり、ドラゴンが寝ずの番をしている。イアソンは、その国の王女メディアから魔法の水をもらい、それでドラゴンを眠らせることに成功、黄金の羊の皮を手にいれる。

　ヘラクレスもまたゼウスの子であり、ギリシア神話のなかの最強の英雄である。彼の人生もまた苦行に満ちたものだが、「十二の難題」はあまりにも有名だ。その一つが、黄金のリンゴを取ってくること。はるかな西の海には、ドラゴン（ラドン）のいる楽園があり、そこには黄金のリンゴがある、と考えた古代ギリシア人。ヘラクレスは度かさなる難業のすえ、その島にたどりつき、手にした弓でドラゴンを射殺し、黄金のリンゴを持ちかえるのである。ヘラクレスはまた幼児のとき、二匹の大きな蛇をしめ殺したとされる。

このように、ギリシア神話のなかのドラゴン（ドラコーン）は、ある種の「霊力」をもち、翼のある爬虫類（はちゅうるい）を思わせる「空想上の怪物」である。それらの共通点は、英雄ないし神によって、退治されてしまうことだ。ドラゴンを、古代ギリシアにとっての「強敵」と読みかえれば、神話のなかに史実がほの見えてくるかも知れない。

英国のワイバーンは生気あふれ

例外のない規則はない、ともいう。

キリスト教世界でイメージされるドラゴンは、火をふき、人畜を損なう存在であり、それは宗教の「敵」であり、天使に撃退されるものであったが、このドラゴンの系統のなかで、例外を探すとすれば、それは英国のワイバーン wivern であろう。wivern は、ふつうの辞書では「飛龍」と訳され、図とともに、「翼と、二本の鳥のような足をもち、尾のさきは矢じりのようにとがっている」などの説明がある。ドラゴンが龍でないように、wivern はワイバーンである。

ここで注目すべきは、ワイバーンの現れる場所だ。これまで、ギリシア神話では神や英雄に「退治」され、『聖書』では天使によって撃滅され、パリのノートルダム聖堂の柱では司教の杖に抑えつけられるドラゴンだった。しかし英国のワイバーンは、それらのドラゴンとはまったく異なっている。

まず第一に、ワイバーンの出自である。英国の黎明期にあたる古代ローマ時代の二世紀、ブリテン島にアングル人やサクソン人が上陸し、激しく戦った。そのシンボルは、アングルが「赤い龍」、サクソンは「白い龍」だったという。

十二世紀、『ブリタニア列王史』がモンマスによって著されるが、後世の写本に描かれている戦う赤と白の「龍」は紛れもないワイバーンである。

第二に、ロンドン市の紋章である。それは明らかに、国章をベースにしているが、中央にある盾を、左右から、二匹のワイバーンが守っている。

第三に、ロンドン橋である。あの「ロンドン橋が落ちる」で有名な橋の両側には、やはり剣マークいりの盾を片手にしたワイバーンが立っている（左頁・上）。

第四に、レドンホール市場の入り口である。この市場はロンドン子の胃袋を満たすためにあり、入り口の柱には、その重厚な屋根をささえるワイバーンがいる。

第五に、鉄道会社の紋章である。逆三角の盾のうえに、今まさに飛翔せんばかりのワイバーンがいる。

日本から近いところでは、一九九七年まで英国に「支配」されていた香港（ホンコン）の紋章に登場するのは、ワイバーンではなく龍のようだ（左図）。誤解を恐れずにいえば、大英帝国が「七つの海を支配」した時代、その影響がおよんだ場所には、何らかの形のワイバーンがいる。

さて、このワイバーンの特徴であるが、ドラゴンとは明らかに一線を画している。それは生気にあふれ、荘厳で、強力な意志をもち、パワフルな形象となっている。

これまでに見たように、英国のワイバーンは、盾の左右にいる守護神であり、バイキング系の王権をよく表現しているだろう。ロンドン橋のワイバーンは、落ちることなどないよう、強固な構造物であることを願ったもので、鉄道の紋章としてのワイバーンは、やはり

ロンドン橋を飾るワイバーン像（英国）

返還前の香港の旗の一部（1959～1997年）／©Wikimedia Commons

「飛龍」のようなスピードにあやかったものだ。

英国のワイバーンはこのように、形態的にはドラゴンに似ているが、性格的には完全に異なっている。ドラゴンは火をふき、人間に害をあたえる。ワイバーンはある種の霊力をもち、むしろ人間に活力をあたえる空想上の動物であり、英国王室の紋章から、庶民の足「地下鉄」まで、どこにでも顔を見せているのである。

龍は怒る、欲ばり男の目玉の要求

山や河など自然の目じるしにより、地名をつけることがある。中国では太行山脈を境としマクロ的に観て、その西を山西省、その東を山東省という。泰山がそびえ、黄河が流れ、孔子(こうし)を生みだした山東省には、龍にまつわる民話がある。

昔むかし、ある大きな山のふもとに崔黒子(ツォエヘイツ)という独身の男が住んでいた。崔は土地をもたず、茶碗(ちゃわん)など割れ物の修理をすることを生業(なりわい)としていた。わずかな仕事道具をもち、村から村へとわたり歩いた。

ある日のこと、崔は道ばたで一匹の龍の子を見つけた。珍しくもあり、可愛い龍の子だった。彼はそれを箱にいれ、毎日エサをやり育てた。やがて龍は大きくなり、箱はおろか、崔の小さな家では収容できなくなった。

「龍よ、しがない修理屋のオレには、こんなに大きくなったお前を、もう育てることはできない。仕方がないが、お前を北の山の洞窟(どうくつ)へ連れていくことにする」

　龍はコックリとうなずいた。一年もすると龍のいる洞窟の入り口に、人参(にんじん)が生えてきた。たいへんに価値のある薬草だが、龍が番人をしていては、誰だって手がだせない。この不思議な話はやがて皇帝の耳にはいった。

「崔よ、お前は龍のもとの飼い主だというではないか。すぐに行って、あの人参を取ってまいれ。さもなくば、お前は打ち首だ」

　との命令である。山のふもとからも、大きな龍の姿が見えるではないか。崔は懐かしいやら、恐いやらだったが、勇気をだしてこう言った。

「龍よ、オレはお前を育ててやった。皇帝の命令にそむけば、打ち首だ。今度はお前がオレを助けてくれ。人参をもらっていくぞ」と。

　龍はコックリとうなずいた。それは、皇帝がこれまでに見たこともない大きな人参だった。崔がほうびに金銀をもらったのは当然である。

　皇后が目の病気にかかった。宮中の名医たちも手におえない。ある者がこう進言したものだ。

「龍の目玉こそが、目の病気の特効薬です」と。

育ての親でも、目玉の要求ばかりは……

大きな龍となれば、皇帝の軍隊が出ても、なかなか退治できない相手だった。またしても、皇帝の命令が崔黒子のもとにとどいた。

「龍の目玉を取ってきたら、大臣にしてやる。失敗したら打ち首だ」と。

意外なことに、龍は今度もまた、育ての親の崔の言うことをきき、左の目玉をくれた。まことにそれは特効薬であり、皇后のひどい眼病を、一こすりで治してしまった。

約束どおり大臣となった崔である。かつての純朴で、やさしい彼の性格がガラリと変わってしまった。珍しいものがあれば、まるで皇帝のように、何でも自分のものにしたがった。天下の宝をあらかた手にいれたら、あの龍の目玉のことを思い出してしまった。崔は家来にかつがせた籠(かご)にのり、龍の山にやってきた。

「龍よ、この育ての親様が、お前の目玉を欲しがっているゾ」

というと、右の目玉を取りにかかった。龍の意見もきかずに、である。龍は大きな口をあけると、パックリと崔を飲みこんでしまった、とさ。

さすがの龍も水を盗んで殺された

龍にまつわる民話を、もう一つ。

北京(ペキン)の西の郊外に西山がある。華北の広びろとした平原にある北京では、西北のかなたに山なみがある。燕山(えんざん)山脈である。西山はこの燕山の一部である。春の新緑から秋の紅葉まで、北京市民が足をのばす範囲でもある。

その西山に「投げ龍岩」とよばれる大きな岩がある。岩には一面に溝があり、まるで名工の手になる龍の彫刻のようだ。だが、それは実際には自然の石である。

昔むかしのこと、このあたりに人の住む村があった頃のこと。わらぶき小屋に、母親と息子が住んでいた。息子の名前は牛坊という。親子は貧しいながらも、山で柴をかり、野ウサギをおって、楽しい日々を送っていた。

牛坊は背がたかく、体はガッチリしていた。十歳をすぎると、もう大人のようだった。その牛坊には大の仲良しがいた。龍坊である。二人は、年も背丈もほぼ同じで、龍坊が牛坊の家で食事をしたり、泊まることもよくあった。

水を盗み飲んで殺された龍がいたという

不思議なことに、龍坊の家がどこにあるかは、誰も知らなかったという。別に、それほど気にもかけなかったのである。ただ、西山の西北に黒い雲がたちのぼると、間もなく龍坊がやってくるのだった。

龍坊には奇妙なところがあった。食事はあまりとらないのに、水だけはよく飲むのだ。牛坊や母親がいないと、龍坊はこっそりと谷川へ下りていく。そして一口で、谷川の水をそっくり飲みほしてしまうのだった。この龍坊のクセを知る者は、村にはいなかった。

問題は、村人たちの飲み水である。谷川の水はこれまで豊かに流れており、涸れることはなかった。四季を通じて村人が飲み水に困ることはなかった。ところがである。最近はどうしたことか、時どき谷川の底まで干あがることがある。

間もなく、牛坊や村人たちは龍坊の行動に気づいた。今度ばかりは、牛坊も友だちを許すことができなかった。久しぶりにやってきた龍坊を、太いなわでグルグル巻きにしたのだった。

「兄ちゃん、何をするんだ、いきなり！」

驚いたのは龍坊だ。

「水を返してくれ。お前が谷川の水を飲みほすものだから、村の人たちはカンカンだ」

ようやく龍坊にも、牛坊が怒っている理由が分かった。だが、龍坊にも、水を飲むことを止められない事情があった。それは龍の性（さが）だったからである。

「兄ちゃんの家の水だけは、ちゃんと残しておいたのに……」

「村の者、皆のことなんだよ、龍坊。水を飲まずに、村に返しておくれ！」

「返すものか！」

と龍坊は言うやいなや、一匹の黒い龍に姿をかえた。そして、空に舞いあがろうとした。

牛坊は龍の首と尾をつかんだ。龍も牛坊にかみつく。牛坊は傷つきながらも、大きな岩めがけて、黒い龍をたたきつけた。さしもの龍もそこで息たえ、岩になったという。谷川の水も、その後は昔からのように、流れつづけるようになった。

斑点をもつ「龍蚕」の脱皮の背景

「地上の楽園」とされるのは、蘇州(そしゅう)や杭州(こうしゅう)である。その一帯はまた、四川省とならんで、養蚕や絹織物、絹の刺繍(ししゅう)などで有名な土地がらでもある。杭州のある浙江(せっこう)省には、興味ぶかい「龍の蚕」の伝説がある。以下はそのあら筋である。

「昔むかしのこと、大運河のほとりの村に、兄弟がいて、その嫁さんたちがいました。兄の嫁は地元の人で、桑の葉つみや、養蚕はお手のもの。弟の嫁のほうは昨年、遠方から嫁いできたばかりで、何も知りません……」

とお話は始まる。弟の嫁も養蚕をならいたい、という。だが兄嫁はすこし意地悪だったので、種紙を熱湯にいれろ、などと教える。そんなことをしたら、紙に産みつけられた蚕の卵が死んでしまう。それでも一匹だけ、小さくて黒いアリのような蚕が孵化(ふか)した。それが「龍の蚕」となる、という展開である。

「七日もすると、弟の家の蚕は大きくなりました。夜も昼も休まずに、桑の葉を食べるのです。葉を入れる籠(かご)は、小さいのでは足りず、大きな籠にしました。不思議に思ったのは兄嫁

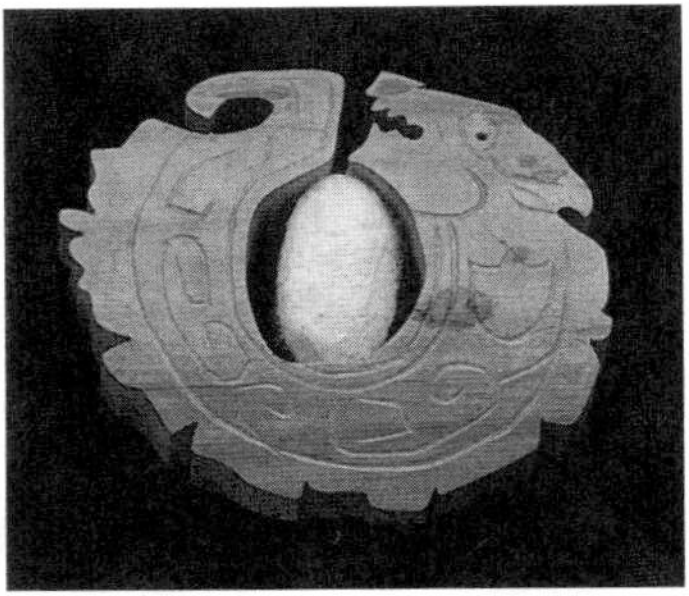

杭州の「絹の博物館」には、伝説の「龍の蚕」のお土産が

のほうで、こっそりと弟の家の蚕部屋をのぞいてみました」

「アッ、龍蚕（ロンツァン）だ！」

そこには、丸まると肥えて、真っ白な、お蚕様がいるではないか。欲の皮がつっぱっている兄嫁は、それを盗もうとして失敗する。そして今度もまた、早く上蔟させるには、ヒ素が有効だ、などと弟の嫁に教える。上蔟とは、桑を食べなくなり繭を作ろうとしている熟蚕を蔟に移すこと。ヒ素はいわずと知れた猛毒だ。

だがしかし、さすがに「龍の蚕」である。ヒ素のために三日ほど仮死状態だったが、やがて脱皮すると、前よりも成長がさらに早くなったではないか！　ある夜、仕事にくたびれた弟の嫁さんが、ぐっすりと寝いってからのことである。

くだんの兄嫁は、ついに最後の実力行使にでた。三本の大きなクギを手に、弟の家にしのびこんだ。嫉妬に狂った形相で、「龍の蚕」の頭に一本、尾に一本、大きなクギを打ちこんだ。手にした最後のクギで、蚕の体中をめった刺しにしたのである。

「翌朝、兄嫁は桑の葉を手に、自分の家の蚕部屋にはいって、腰をぬかしてしまいました。

昨晩はたしかに、お蚕さんたちは上蔟し、蔟に納まったのです。ところが今日は、影も形もないのです。蔟はモヌケの空だったのです……」

意外や意外、兄嫁の家の蚕たちは、全部が全部、弟の家に行ってしまったのである。その理由が、浙江の伝説では、ふるっているではないか。

「龍の蚕は、蚕の王様なのです。兄嫁の家の小さな蚕たちは、お葬式のために、弟の家に集まりました。たくさんの糸をはいて、龍の蚕をしっかりと包みました。その後、また糸をはいて自分をくくって死にました。蚕がいまでも、眠ってから脱皮するのは、あのヒ素のせいです。蚕の体に黒い斑点があるのは、あのクギで刺された痕なのです」と。

「龍の蚕」はトウガンほどの大きな繭になったという。この伝説はたぶん、人間の欲望を厳しく戒めたものであろう。右頁の図版の「龍の蚕」は、杭州の西湖の南にできた「絹の博物館」の売店で、偶然に手にいれたものである。竹をまるく切り、中心部をくり貫いてある。周囲の竹の部分には、龍の頭があり、龍の尾があり、体には龍紋が彫られている。その中心に純白の繭がおさまり、まさに「龍の蚕」である。

羊飼いになった龍の娘と男の約束

中国は地大物博である。湖南省の洞庭湖は日本の琵琶湖の四倍もあるが、今回は、その洞庭湖と龍の関係であり、やはり実在した人物が登場する。唐の文人の柳毅である。さて、その柳毅と龍の娘との関係は……。

科挙の試験に合格すれば、きっと出世できる。多くの文人と同様、柳毅もそう信じて、人なみ以上の勉強もした。だが、結果は期待に反しての不合格だった。失意のうちに、南の郷里へと帰る柳毅だった。

「月落ち烏ないて霜天に満ち……夜半の鐘声、客船にいたる」（唐・張継）

蘇州にある寒山寺は、この一篇の詩により有名になったという。作者の張継もまた、科挙に失敗して、帰郷の途中にあった。その失意の心境を、詩に托したのだった。

さて、柳毅は湖南の人である。洞庭湖の南にあるのが湖南省、北にあるのが湖北省だ。かつて雲夢沢ともよばれたこの湖は、長江（揚子江）の「自然のダム」でもある。

全長が六千三百キロの長江は、季節によって流れる水の量が大きく変化する。増水すれば、洞庭湖はそれを吸収する。渇水すれば、湖は貯水をはきだすのである。一九九八年は、五十年に一回とかの大増水で、あやうく惨事となるところだった。増水期の湖面は減水期に比べて、数倍から数十倍にもなるという。

その洞庭湖に浮かぶ君山は、伝説にことかかない島である。神話時代の舜の妻が祭られている。その廟を焼きはらったのは、例の秦の始皇帝だ。漢の武帝は、ここで龍を射たという……。

失意の柳毅が郷里へもどる途中でのこと。道ばたに、目をまっ赤に泣きはらした羊飼いの女がいるではないか。貧しい身なりをしているが、なかなかの美人である。

彼女の口から、柳毅も耳を疑うような話がでてきた。

何でも、彼女はもともと洞庭湖の龍王の娘であり、縁あって人間の男に嫁いだという。ところが夫が暴力をふるい、それに耐えられずに、家を飛びだしたのだ。彼女は一通の手紙をもっており、柳毅に、父の龍王まで届けてほしい、というのである。

湖南にある洞庭湖は、柳毅の郷里のすぐ近くである。羊飼いの女の身のうえ話も、失意の彼には、いたく同情できるものだった。彼女に言われたように、柳毅は、君山の井戸から「下界」におり、龍王にあって手紙を手わたした。

柳毅が龍宮へ行ったとされる井戸（湖南省・洞庭湖）

ほんとうに、龍王の一族は龍宮に住んでおり、「人間」界では信じられないほど豪華なものだ。その龍宮で、王の娘が不幸な境遇にあるとの情報に、大きな悲嘆の声があがった。王の弟はただちに一匹の赤い龍となり、人間界へと飛び去っていった。

ほどなく赤い龍は、龍王の娘をつれ帰り、龍宮では大宴会が開かれた。乱暴者の夫は龍にくい殺されたという。宴会の席上、龍の王は柳毅に、娘の夫となるよう勧めた。いったんは辞退した柳毅だったが、二、三の曲折があり、やがて二人は結ばれる。

龍王の娘の「お礼」は、柳毅の一万年という寿命だった。二人はやがて人間界をはなれ、洞庭湖で共に住むようになった。例の井戸にも、柳毅の名前がつけられた。柳毅は、道教でいう不死の神として、人びとから崇（あが）められるようになったのである。

六　龍は、どう暮らしにかかわるか

辰年は歴史的に、とかく荒れ模様

辰（龍）年のことは、次項でも触れるように、十二支のなかで、それ以外の干支とはすこし異質のようである。龍（辰）なるものが実在するかどうかはともかく、中国人は一般に、この龍（辰）年には「ある種の感じ」をもっている。

それは漠然とした恐怖感のようでもあり、恐るべきことの到来の予感でもある。

過去の例では、一九七六年の龍年、毛沢東と周恩来が死んだ。共産党と国家の最高指導者と、行政の最高指導者とを、二人いっぺんに失ったのである。その悲しみの深さは、たぶん外国人には、とくに政治家があまり尊敬されていない外国であれば、まず理解できないだろう。湖南省の農民の家に、一八九三年に生まれた毛沢東。彼は中国共産党の創立大会（一九二一）に参加、農民運動を指導して、革命を実践した。井岡山や延安での根拠地、紅軍の命運をかけた長征、抗日統一戦線の提唱、中華人民共和国の建国、人民公社をふくむ社会主義化、そして文化大革命……。

そのどれ一つをとっても、毛沢東の独創的な発想や、強力な指導力と切りはなすことは不

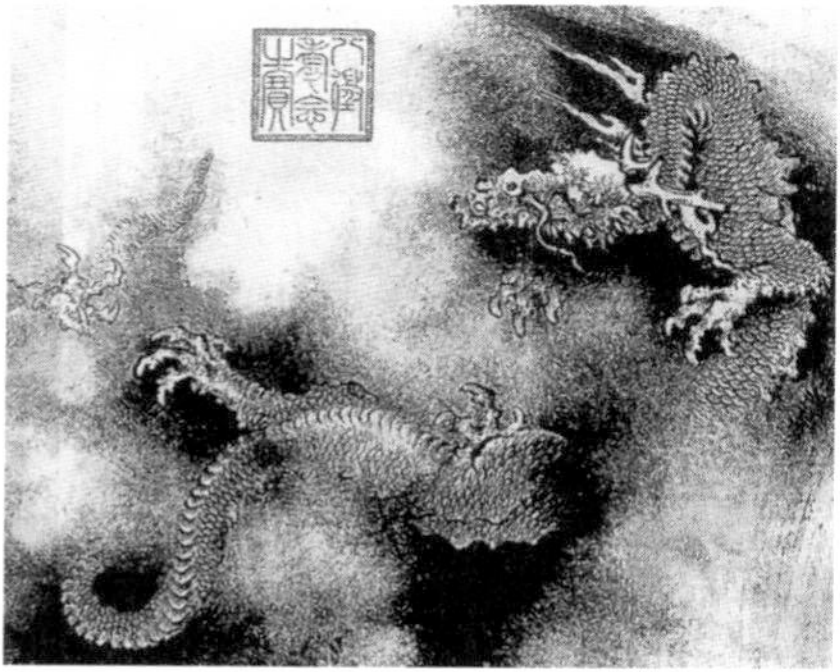
龍をよく画いた陳容の作品の部分（南宋）

可能である。彼はよく「厳父」にたとえられる。

それとは対照的に、「慈母」にたとえられるのが周恩来である。江蘇（こうそ）省の役人の家庭に生まれ（一八九八年）、天津の南開学校の時代から、ハンサムな秀才として有名だった。中国では学生運動の指導者であり、留学先のフランスで共産党に入党している。国民党の蒋介石（しょうかいせき）が監禁された西安事件（一九三六年）や、建国後の国際会議などでも、彼は卓越した交渉の能力を発揮した。周恩来に一度でも会った人は、中国人であれ、外国人であれ、彼のファンになってしまう。

こうした建国の偉大な指導者たちを、同時に失った龍年。それは中国人の龍年にたいする「ある感じ」を、いやが上にも印象づけた事件だった。

だが、これには反論もあるだろう。龍年は十二年に一回めぐってくるのであり、十二分の一の確率だ、と。それも一理なのだが、歴史をもうすこし振りかえってみたい。

一八五六年、アロー号事件。英国籍の小帆船アロー号が広州で海賊の容疑で臨検された。

これを口実に英仏は中国への侵略を開始する。広州を占領した両国軍は、北上して天津にせまり、清朝と天津条約をむすび、さらには北京を占領して、北京条約をむすんだ。こうして帝国列強の中国侵略は一歩ずつ進められることになる。

一七九六年、白蓮教徒の乱。白蓮教は南宋にはじまる民間の宗教結社であり、弥勒仏を信仰。元末には紅巾の乱の主力となった。清朝中期のこの年、河南・湖北・四川などの広い地域で、白蓮教を中心として農民反乱が起こった。清朝の正規軍や地方の義勇軍がようやく鎮圧したのだった。いずれも龍年のことである。古くは、唐王朝に事実上の引導をわたした黄巣の乱が終わった年（八八四年）もまた、龍年である。

龍蛇の歳といえば、タツとヘビの年のことであり、とかく賢人が死ぬとされる。こうした歴史的な事実や、いわゆる伝承をまえにすると、やはり龍（辰）年のもつ意味を考えてしまう。そこには人知を越えた何かが、存在するのだろうか。

タツドシは、十二支の中でも異質

日本の田中角栄首相が、中国の周恩来総理に相まみえたのは、一九七二年秋のことだった。日本と中国の国交正常化をめぐり、両者のあいだに厳しい議論があったことは周知のとおりである。その前後に、こんなエピソードがあったとは、あまり知られていない。

田中「中国に十二しかなく、九億もの人民が一つずつ持っているのは、何でしょうか？」

龍をあしらった素朴な民間の剪り絵

周「それは干支でしょう」（笑）

日本ではエト（干支、兄弟）というが、本家の中国では生肖という。正しくは、天干（十干）と地支（十二支）を組み合わせたいい方である。

天干＝甲、乙、丙、丁、戊、己、庚、辛、壬、癸

地支＝子、丑、寅、卯、辰（龍）、巳、午、未、申、酉、戌、亥

この天と地の要素を、甲子（きのエね）、乙丑（きのトうし）、丙寅（ひのエとら）……と組み合わせていくと、六十通りになる。それを生年などに当てて、暦としたのである。

暦の起源をここで語るゆとりはない。ただ、辰（龍、リュウ）が十二支のなかで異質な存在であることは確かだ。というのも、子（ネズミ）にしろ、丑（ウシ）にしろ、明明白白に実在する動物なのである。ところが、リュウだけは、『龍――一種の未解明の動物』（三四頁参照）のように実在説もあるが、一般的にいえば、やはり空想上の存在なのである。

民間につたわる伝説や伝承は、人びとの文学的な空想力の結晶である。十二支をめぐる中国の民間故事も、きわめて興味ぶかいものである。それによれば、エトを決めたのは最高神

の玉帝(ぎょくてい)である。その会場や日どりのことも、動物たちに、すでに通知が出されていた。

当日、リュウは意気揚揚と会場にやって来た。リュウの全身には鱗が光り輝き、立派な鼻やヒゲなどもある。どう考えても、「我こそは」と思ったからである。玉帝は果たせるかな、リュウをふくむ十二種類の動物を選び、エト（生肖）の地位を認めたのだった。子（ネズミ）、丑（ウシ）、寅（トラ）、卯（ウサギ）……の順である。しかし、この選定でそれまで仲良しだったネズミとネコの関係が非常に険悪となった。理由は、ネズミは、ネコにエト選定の通知の伝言を忘れただけでなく、自分がエトのトップに選ばれたからだという。

仲違いと言えばニワトリと龍にも、中国のこんな逸話がある。昔の龍には角がなかった。百獣の王の座をかけて寅と争いが耐えなかった頃、玉帝が天宮まで呼び出し、どちらが王にふさわしいか見極めることになった。少しでも威厳が欲しかった龍は、ニワトリのもとへ行き、必ず返すと約束し、嫌がるニワトリから角を借りたのだという。そう、ニワトリには昔、立派な角があったのだ。結果、寅は陸の王、龍は水の王になったが、龍は角を返すことはなく、真っ赤に激怒したニワトリのトサカが今も赤いのはそのせいだという。

龍踊り、にぎやかなお祭りムード

龍と暦、それに生活の関係の話をつづける。日常の生活の背景には、思わぬ発想や知恵が伏せられていることがある。中国の伝統的な日常生活のなかから、龍を拾ってみる。

一月十五日　龍灯（ロントン）
二月二日　龍抬頭（ロンタイトウ）
五月十日　分龍節（フェンロンチエ）

と、中国語で読んでみた。少なくとも一年に三回、人びとは生活のなかで、「龍と遭遇」することになる。いずれも農暦（旧暦）であり、現在の新暦よりも約一ヵ月おそい。現在の中国では、旧暦と新暦がうまく共存している。新暦の一月一日の元日は、これといった特別なことはない。日本ならば、元日をはさみ、ご用納めから松の内まで、数日の連休となる。中国でそれに相当するのが、旧暦の一月一日の春節である。新暦では、だいたい二月の初旬から中旬にかけてであるが、この前後には、数日から十日ほど、企業や役所、学校もお休みとなる。

この春節の到来をつげるのは、天地をゆるがす爆竹の轟音（ごうおん）である。初めて春節の爆竹を体験する人は、戦争でも起こったのでは、と錯覚するだろう。最近では、失火の危険があるという理由から、上海（シャンハイ）などの大都会では禁止の傾向にあり、いささか寂しい感じがする。

さて、龍灯、すなわち龍踊りは、旧正月の十五日後にやってくる。一月十五日は、暦のうえでは元宵節である。それを演出するのが、一匹の長い龍である。布や紙、割り竹などで張り子を作る。その中に灯火をともすこともできる。日本語では、龍灯というよりも、「龍踊り」のほうが分かりやすいだろう。長崎では「蛇踊り」ともいい、次項でくわしく触れる。

旧正月15日の「龍踊り」に、農民魂を感じた（四川省・都江堰市）

それは十四世紀の室町時代に、中国大陸から伝来したとされ、無形文化財となっている。

　また、龍踊りが登場するのは、元宵節だけではない。春節や秋の収穫祭など、お祭りムードを盛りあげる場合、龍踊りはやはり不可欠なものである。数人から十人ほどの男たちが、竹の棒の先に連なる張り子の龍を、上下、左右に踊らせながら、走る。ドラや太鼓の音が、その激しい動きをさらに鼓舞する。それを演じる者も、それを見る者も、まさに手に汗をにぎる。

　踊る龍の頭がめざすのは、別の男がもつ棒の先にある龍珠である。それは一般に、深紅ないし極彩色の丸いボールである。珠(たま)をめざして激しく踊る龍は、実は水にたわむれる龍を象徴したものであるという。それが図案化されると、二匹以上の龍が、中央の珠（宝）を争うものになる。「龍が珠に戯れる」「双龍が珠を搶(あらそ)う」などである。

　四川省の都江堰(とこうえん)市（旧灌(かん)県）でみた龍踊りは、どれにも増して印象ぶかいものだった。都江堰市は省都の成都の西北五十キロにあり、二千年の昔からの灌漑施設で有名である。広大な成都平原は、その大小の水利施設によって潤されている。西南地方とはいえ、元宵節のころはまだ寒さが残る。ひんやりとした空気のなかを、赤い布を腰にまき、素朴ないでたちの農民たちが、きわめて力強く龍をあやつる。それは実に印象的な龍踊りだった。

思うに、北京などの街場で演じられる龍踊りは、やはり上品であり、ショー化されている。それに比べると、都江堰市での龍踊りには、大地の底から湧きでたような強いエネルギーが感じられた。

二月の龍抬頭と五月の分龍節については、すこし後で紹介する。

豊作を祈願する蛇踊りは、実は龍

日本の各地に「蛇踊り」がある。たぶん長崎の「くんち」が元祖だろうが、長野県の諏訪市などにもある。それとよく似たお祭りが少なくない。例えば、島根県の託綱（桜江町）、香川県の雨ごい龍（仁尾町）、長野県の岳の幟（上田市）、新潟県の大したもん蛇まつり（関川村）、群馬県の戴水の儀（板倉町）、疫神除け（明和村）、埼玉県の藁蛇（龍蛇ともいう、鶴ヶ島市）、東京都の大蛇お練り（世田谷区）、麦、藁蛇（文京区）、蛇より（稲城市）、神奈川県の青龍祭（清川村）、千葉県の藁蛇（船橋市）、辻切り（市川市、佐倉市）、茨城県の盆綱（土浦市）、ボンドノ（石岡市）、栃木県のジャガマイタ（小山市）など。

これらの蛇（ときに龍）を「ご神体」とする日本の祭りは、まさに枚挙にいとまがない。それらの共通点は、雨乞い（あまご）をポイントにした「豊作祈願」である。このように、蛇踊りは、かつての日本の地域社会で、蛇に仮託された龍に、「稲作が順調にいくよう雨を降らせて下さい」と祈願する共同体イベントなのである。

さて、長崎の蛇踊りであるが、江戸時代の日本の鎖国と関係がありそうだ。飛行機がなく、船が唯一の外界との交流手段だった時代、港は、未知の世界からの情報の着信地だった。物資も、文化も、同様である。それらの情報や文化は、港の長崎から日本の各地へ発信された。

幕府の鎖国政策が完成したのは、寛永十八年（一六四一）である。例外は、オランダと清国だった。長崎の出島に唐人屋敷が作られたのは、元禄二年（一六八九）のこと。その背景には、慶長年間（十七世紀初め）から、長崎にきて帰化する中国人がいたこともあろう。そして、この時代の長崎は対外的に開いた唯一の「窓口」だった。いずれにせよ、清国からきた貿易船の役人も乗組員も、唐人屋敷に住んだのである。そこは日本のなかのリトル・チャイナだった。

唐人屋敷に隣接する本籠（ほんかご）町の人たちには、唐船の修理や、物資の搬入という仕事があった。遊女の仲宿があったのも、この時代のことである。古老たちの話によれば、「本籠町の者が唐人屋敷の塀のところで、外と内とで、蛇踊りの使い方を見習ったということです。蛇

江戸時代から伝わる長崎の蛇（龍）踊りの図

拍子もその時、唐人から習ったものでしょう」という。

その長崎の「蛇」であるが、一定の規格がある。形相は大蛇に似ており、頭には耳があり、鹿のような一対の角があり、たてがみは長く、体には九千枚の鱗と四本の脚があり、それぞれの脚には四本の鋭い爪があり、その足元からは火炎がたち、尾には七本の鋭い剣がある……。

この蛇（龍）の躍動を演出するのは、珠使い、頭使い、尻尾使いの三人である。蛇をもつ者が何人いようと、この三者が名人でなければ、全体として「目の覚めるような生き物」にはならない。それに楽器いりのお囃子である。長崎の人たちが「唐人」から教わった「蛇踊り」を、最初に諏訪神社に奉納したのは、十八世紀初め、享保年間のこととされる。

中国の龍灯すなわち龍踊りのことは、前項で紹介した。それは十世紀の宋代から、そう呼ばれており、唐人屋敷の清国人も、「龍灯」と教えたはずである。それが長崎では、「蛇跳」「蛇踊り」となる。これは通訳の問題というより、日本人の龍にたいするイメージの問題だろう。長崎の蛇の頭（顔）が、円山応挙の龍をベースとしていることは定説だ。だが、絵のように平面ではなく、立体となったモノを、長崎人は「龍」とは呼べず、「蛇」と呼んだのだ。ちなみに、長崎などの蛇踊りをみた欧米人は、それを dragon procession と表記している。

農暦二月二日、龍が頭をもたげる

農暦の二月二日は、「龍抬頭（ロンタイトウ）」、すなわち「龍が頭を抬（もた）げる日」で、季節の変化と、それに対応する労働を内容とする日になっている。

二月二日は、陰陽という中国の伝統的な考えに立てば、陰と陽とが相和（あい）する日である。冬は言うまでもなく、陰の気が支配する季節だ。だが、その冬のなかでも、陽の気はかすかに動き、大きくなっている。春に向けて少しずつ、陽は大きくなり、陰は小さくなっていく。その両方が拮抗（きっこう）するのが二月二日なのである。古くは中和節と呼んだ。

龍は、「春分に天に登り」「秋分に淵（ふち）に潜む」という行動のパターンをもつという（六九頁参照）。ひと冬の潜伏を経て、春にむけてウォーミングアップを開始した龍は、人間にとって、やはり気がかりな存在なのだ。

二〇〇〇年はタツ年である。この年の暦でいえば、春分は三月二十日（農暦二月十五日）

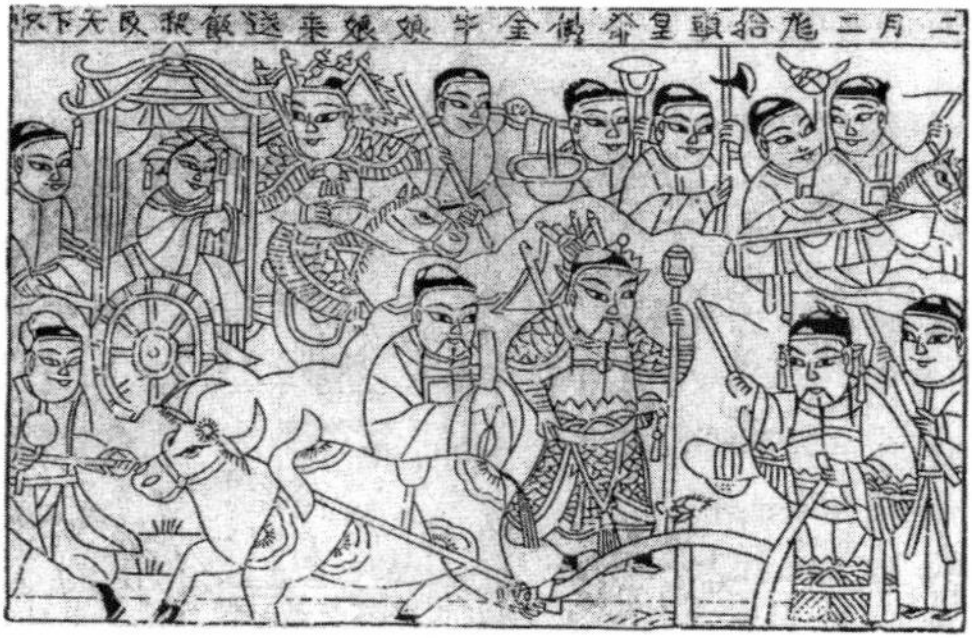

2月2日は「龍抬頭」　農耕作業を開始する日であり、賑やかだ

である。それに先立つ農暦の二月二日（新暦三月七日）こそが、「龍が頭を抬げる日」なのである。

上の図版は、山東省につたわる版画であり、その題は「二月二、龍抬頭」である。

その絵では王冠と龍のローブを着た皇爺（ホワンイエ）（帝）が、右手に鞭を、左手に鍬の柄をもち、土地を耕している。左奥には、食事の差し入れにきた、娘娘（にゃんにゃん）（皇后）も見られる。周囲にいるのは臣下であり、役人であろう。かくして糧食は天下で大豊作と、図版上部のキャプションに記されている。

要するに、二月二日の「龍」は、春の農作業のスタートを意味しており、ネコの手も借りたいほどなのである。

家庭のなかにも、二月二日ならではの習慣がある。龍鱗餅（ロンリンピン）である。餅（ピン）は、日本の餅（もち）とは異なり、小麦粉をこねて、平たく、円形にのばし、鉄板（鍋）で焼いたものだ。その形から、龍の鱗（うろこ）に見立てたのである。中国の北方では常食にし、天津ではなぜか餜子（クオツ）という。この日はとくに念いりにつくり、その名も龍鱗餅という。

二月二日に麺を食べるとすれば、特別に細くつくり、龍鬚麺（ロンシューメン）とよぶ。日本流にいえば、手のべ素麺（そうめん）といったところだ。北京（ペキン）の食品売り場で麺類を調べたことがあった。乾麺のなかの一番細い麺には、やはり「龍鬚麺」と名づけられていた。

針仕事を休むことも、二月二日の忘れてはならない習慣である。その理由は、誤って龍の目を傷つけないためとされる。龍の大きな目玉が、一本の細い針などで傷つくかどうかは別にして、来たるべき春耕への気づかい、と考えるべきだろう。

ちなみに、これまでの数年の天気を調べてみた。農暦の二月二日、すなわち新暦の三月上旬は、東京地区の天気は「晴れ、のち曇り、一時雨」といった具合である。春先の典型的なお天気ともいえる。中国でも、この日はとかく雨がちで、しかも雷雨が多いとされる。

その理由は、民間の伝承によれば、やはり龍と関係があるという。二月二日は、東海に住む龍王のひとり娘の誕生日なのである。彼女は父に無断で人間界に行き、そこで好きになった男のために雨を降らせたし、心配性の母親はこの日になると、海中から出てくるから……という。

五月十日（農暦）は「分龍節（フェンロンチエ）」である。それは長江（揚子江）の南の漢族のいい方であり、それによれば、五月の中旬に雨が多いのは理由があるという。幼かった龍も、この頃ともなれば、そろそろ親ばなれをし、自分の担当する場所へと行かなければならない。親子の龍はそれを悲しみ、雨が降るのだという。

福建省の少数民族シェー族の「分龍節」はにぎやかだ。龍王を祭り、豊作を祈願すると同時に、盛大なバザールが開かれ、若者たちが恋を語らう日でもあるという。

水しぶきを浴びてペーロンを競う

長江（揚子江）を、ドラと太鼓の鳴り物いりで、水しぶきをあげて、細長い舟が進む――そんな光景を目にして、「これがペーロンだ」と納得した。一九九九年六月、筆者は四川省の東部から湖北省の西北部を、ゆっくり取材した。

この一帯は、長江の中流域にあたる。三峡くだり、三峡ダム、それに洪水のニュースなど、日本人にもある程度は、地理的な印象があるだろう。そこはまた、「野人」の風説がある神農架（しんのうか）（海抜三千百五メートル、華中の最高峰）がそびえ、楚（そ）の愛国詩人・屈原（くつげん）や、中国の四大美人のひとり王昭君（おうしょうくん）（漢代）の郷里でもある。

端午の節句のちかいことが実感できた。街かどで、チマキをよく見かけるようになった。新聞にも、競艇のことが取りあげられる。宜昌（ぎしょう）市は、三峡ダムのわずか下流にあり、この間の開発で活気づいている。そこで発行されている新聞に、『三峡晩報』がある。六月十八日の一面トップの見出しは「屈原故里今日龍舟競渡」である。屈原の故郷では、本日ペーロン競漕が開催、というほどの意味だ。

西暦すなわち太陽暦は、いまの中国でも採用されている。だが、端午や春節（正月）がそうであるように、実際の生活面では、農暦すなわち太陰暦がしっかり生きている。『三峡晩報』の日付にしても、西暦の下には「農暦己卯五月初五」と印刷されている。西暦よりも約四十日おそい農暦が、季節感をより正確に反映しているからである。

屈原を記念したペーロンは、中国各地や香港、日本でも盛んだ

ペーロンに話をもどす。漢字で書けば、「飛龍」「白龍」「劃龍」などとなる。「飛（フェイ）」は、飛ぶように、「白（パイ）」は、水しぶきをあげ、「劃（ホア）」は、漕ぐこと、である。ただ、それらを中国の南方音でいえば、ほぼ「ペーロン」となる。日本でも、六月から七月にかけて、長崎などで「ペーロン大会」が開かれる。

『三峡晩報』では、「世界的文化名人」という形容詞を、屈原に冠していた。それは誇張とは言えないだろう。なぜなら、ペーロンも、チマキも、彼を記念したものだからだ。約二千三百年も前の屈原が、いまなお中国人や日本人の生活の一部となっている。

すでに第一章でも触れたように、屈原は、憂国ないし愛国の気持ちから、汨羅の淵に身を投じたのだった。問題は、その後である。屈原の故郷の秭帰は、長江の北岸であり、いまの湖北省にある。ところが汨羅は、いまの湖南省であり、長江のかなり南である。ここでいう「湖」とは、洞庭湖（広さは琵琶湖の四倍以上）のこと。

屈原の時代、いまの洞庭湖を含む一帯は、雲夢沢とよばれていた。それは現在の洞庭湖よりさらに広く、いまの湖南と湖北の二つの省にまたがっていた。秭帰の民は、屈原の訃報に接するや、小舟を矢のように走らせ、その遺体を収めたという。これがペーロンの起源とされ、スピードを競うことの意味は、じつに大きいのだ。

チマキは本来、まき餌だったという。第一章でも触れたように、雲夢沢の魚たちが、屈原の遺体をつつかないように、との楚の民たちの配慮である。それを包むササの葉は、屈原の「高潔」な人格を表している。チマキにいれるナツメの赤い実は、屈原の「赤い真心」を示している――と彼の故郷の民話にある。チマキといい、ペーロンといい、日本と中国の交流は、悠久としか言いようがない。

青森では、龍さながらの虫を送る

中国の農暦では、龍はきわだった存在である。正月の十五日に、龍灯すなわち龍踊りがあり、豊作を祈願する。二月二日の龍抬頭は、春耕――農作業の開始を告げる日であり、順調な雨の恵みがあるよう祈願する。このように、農耕民族の切ないほどの想いが、龍には託されている。それは日本に伝来し、長崎の蛇踊りや、各地の蛇ないし龍を祭る儀式となった。

農業には、もう一つ、クリアすべき大きな問題がある。病虫の害である。作物の生長をさまたげる病気、順調に生育している作物を食べてしまう虫、収穫寸前の果実を横どりする鳥。このように、農耕には「自然の敵」が少なくない。狩猟に比べると、農耕はなかなか手間のかかる生業（なりわい）なのである。それでまた、龍の出番となる。

「虫送り」の先導役は龍（青森・五所川原市）

五所川原市（青森県）の「虫送り」は、興味ぶかい夏祭りである。六月の中旬、白装束に、烏帽子（えぼし）をかぶり、ワラジばきの若者たちが、荒馬を先頭にして、「虫」をかつぎ、にぎやかなお囃子（はやし）とともに、街中をねり歩く。例年、少なくとも十本は「虫」が作られるという。

ここでいう「虫」とは、稲わらを編んで作った巨大な柱である。直径は約一メートル、長さは約五メートルはある。その先にあるのが、木彫りの龍の頭である。手に手に松明（たいまつ）をもつ若者たちの行く先は、西の郊外にある岩木川のほとりである。

龍の頭をした「虫」を中心に、大きな人垣ができる。まず、神主により儀式が行われ、神楽や獅子舞がつづく。燃えさかる松明は、さしずめ病虫害や疫病を焼きはらう業火である。民の委託をうけた龍は、大小の虫どもを従えて、まさに昇天するのである。かくて、五斬川原の五穀豊穣を祈るセレモニーは完成することになる。

稲の敵は、イナゴ、メイチュウ、ウンカなどだ。中国の小説や映画のなかで、地平線から飛来したイナゴなどにより、田畑の作物が見るまに喰(く)いつくされる光景がある。それは誇張ではないようだ。日本でも江戸時代、何度も、壊滅的な被害を受けている。

青森などの東北地方は、元禄年間（十七世紀末）のことだった。津軽に押しよせてきた「イナゴの大群」は、収穫まぢかの稲をすべて喰いつくしたのだ。「虫送り」の行事は、それを機に考えだされたものだという。かつては「早苗(さな)ぶり」と呼ばれた。

西日本の一円が、ウンカの大被害を受けたのは、享保年間（十八世紀初め）のことだ。民俗学者の柳田国男は、次のように記している。「享保十七年（省略）当年は風雨時を得五穀豊年の処、西国表の国々稲に雲霞(うんか)と云う虫生じ次第々々に隣国に移り五畿内近国まで参り（省略）一夜の間に数万石の稲も喰い候由。依之俄(にわか)に米穀六十五匁(もんめ)に売買仕り候。極月(しわす)に至っては百二三十匁位に成り」（「実盛塚(さねもり)」）。

秋の収穫がフイになれば、穀物の値段はハネ上がり、民の生活は苦しくなる。日本の各地にある「虫送り」の祭りは、こうした切実な背景をもつものだった。無形の行事のほか、「虫送」や「虫追」は地名としていまも残っている。また、平家の荒武者の「武威」を借りて、害虫どもを脅そうとしたらしく、「実盛、ご上洛、稲の虫や、お供せい」と囃したてたという。実盛塚は、その名残である。

ミャオ族が、龍を迎え、龍を引く

中国は多民族の国である。多数派の漢族とは別に、五十五の少数民族がいる。各民族はそれぞれの歴史をもち、それぞれの特徴をもつ。

ミャオ族は、湖南省や貴州省に住んでいる。彼らは独立心が強く、情熱的な性格で知られる。現在、人口が七百四十万のミャオ族は、農業を主な生業（なりわい）としている。男は勇敢であり、女は刺繍（ししゅう）や、ろうけつ染めが得意である。龍は、その民芸品のデザインによく用いられる。

龍はミャオ族にとって吉祥物である

龍を愛することにおいて、ミャオ族は、たぶん人後に落ちないだろう。なぜなら、ミャオ族は根っからの稲作農民であり、龍王が雨を管理していると信じてきたからだ。それはある意味で、当然のことだろう。

そのミャオ族に、「龍を迎える」という興

味ぶかい習慣がある。

龍は、ミャオ族にとって、吉祥物、すなわちお目出たい、幸運のシンボルである。その年が大豊作だったり、大規模な土木工事をしたり、家で祝言があるなどの場合、ミャオ族はどうしても「龍」を迎えなければならない。

この行事は一般に、収穫のあとの十月か、春耕のまえの二月に行われる。まず村の古老に、黄道の吉日を選んでもらう。その吉日に合わせて、一人の「龍師(ロンシー)」にお願いし、以下のような指導と儀式をやってもらう。

この龍師は、ある種のシャーマンといえる。彼はミャオ族の歴史や習慣をすべて知っているから、村きってのインテリである。彼はまた、古代からのミャオ族の文化を伝える文化人であり、芸人でもある。

さて、家の主人が準備すべきことは多い。黒い子ブタ、白い子ブタ、大きな白いオンドリを各一匹ずつ用意する。モチ米のチマキ、アワのチマキを作り、五色の紙、白い布、それに酒なども忘れずに準備しなくてはならない。

本番の三日前には、家中の大そうじをして、すっかり清潔にする。一日前、約束しておいた龍師に家まで来てもらう。彼の指示により、まず祭壇を築かなければならない。それを龍座という。

龍座のつくり方は、こうだ。家の中央にある部屋に、稲わらを積みあげる。この時、稲わらで龍の頭や胴、尾などを形づくる。龍ができたら、その前に小さなテーブルを置く。テーブルの上には米一升、酒五碗、チマキ五山を供える。それに線香も必要だ。

当日の朝、早めに朝食をすませて、親戚や友人、近所の人たちが、次つぎとやってくる。男も女も、子供らも着飾っている。それは「龍」に対し敬意を表するためである。くだんの龍師も、いかめしく着飾り、すでに龍座の後ろに座っている。

龍師が太鼓やドラを鳴らし、儀式を始める。つづいて鈴をふりながら、呪文を唱える。呪文の内容は、東から青龍、南から赤龍、西から白龍、北から黒龍、中央から黄龍を、それぞれ呼びだす、というものだ。

「龍のお出ましだ！　この家の者は、いかに！」

と大声で聞いたのは龍師である。

「お迎えします！」

と家の主人が、大声で龍を歓迎する旨の宣言をする。ミャオの人たちは、稲わら製の龍座に、ほんとうに五色の龍がいる、と実感するという。それは思うに、龍の姿をしてはいるが、勇猛なことで知られたミャオ族の祖先たちであろう。

「火は赤あかと、この部屋のなか」

「火は赤あかとして、龍王を待つ」

「五色の龍王が、おわすぞ、ここに……」

龍師は祝詞（のりと）を唱えつづける。やがて右手で白米をつかむと、東西南北、そして中央にまき散らす。これで「龍を敬う」儀式は終わる。その次が「龍を引く」儀式である。

ミャオ族は、歴史的な背景もあり、一般的には山がちの環境で暮らしている。そこは必ずしも農業に適した場所ではない。水源も、村はずれの山にあることが多い。

この「龍を迎え」「龍を敬い」「龍を引く」日には、山の井戸に人垣ができる。そこはふだん人気のない、静かな場所である。龍の家のご主人夫婦は、ミャオ族の衣装で正装をしている。ご主人が龍公となり、奥さんが龍母を演じることになる。

これが龍の夫婦というわけだ。着飾った親戚や近所の人たちも、その場で晴れがましい顔をしている。これから龍を「引く」のだから、皆さんに協力してもらう。吹奏楽器の笙（しょう）、打楽器の太鼓やドラを手にした楽隊の出番である。色とりどりの旗をもった子供たちもいる。

まず龍師が、水源になっている井戸のまえで呪文を唱える。龍の夫婦に扮（ふん）した人間たちが、用意してきた素焼きの器で、井戸から水をくむ。その瞬間、九発の銃声が鳴りひびき、楽隊が一気に活動をはじめる。子供たちも負けじと、わめきだす。にぎやかなこと、この上ない。

その後は、龍師を先頭にしての行列だ。お祭りムードの雑踏のなかを、龍のご夫婦は例の器をかかえて歩く。それは井戸からくんできた「龍水」である。一行が家にもどれば、いよいよ楽しい宴会だ。黒い子ブタは儀式のまえに、白い子ブタは儀式のあとに、それぞれ屠（ほふ）られる。このブタをとくに「龍豚」とよぶ。

ミヤオ族はじつに歌がうまい。それに酒がはいれば、宴もたけなわとなる。今晩はどこまでも「龍の歌」のアンコールがつづく。宴会が果てるのは、きまって深夜のことになる。

龍の家には、最後の仕事がある。「龍の位」（場所）をつくることだ。昼間のうちに、庭に深さ三十センチほどの穴を掘っておく。その穴のなかに、あらかじめ準備された陶磁器の龍をいれ、山の井戸からくんできた「龍水」をかける。少量の酒やお金、朱砂をいれる場合もある。土をもどして龍をうめ、その上に平たい石をかぶせる。これで「龍の位」は安定したものとなり、全部の行事が終了したことになる。

銭龍に、はかない夢を托した芸妓

龍は、中国人のたくましい想像力の賜（たまもの）である。龍は、パワー・シンボルであり、最高の吉祥物である。そんな龍がお金と合体したのが、銭龍（せんりゅう）である（次頁の図版）。縁起ものの絵や図ばかりを集めた本のなかに、この銭龍を発見して、思わず吹きだしてしまった。

「銅銭をつないで龍の形にしたもので、この上ない吉祥の図柄である。銭龍は四方から財宝をひっぱってくる、とされる。この銭龍は民間の美術ではよく用いられる図案である」

という説明もよかった。

その通りであろう。なにしろ龍は、大自然のパワーであり、人間界に君臨する皇帝の別名

この上ない吉祥とされた全身これお金の「銭龍」

なのである。その龍が全身これお金であるとしたら、これ以上お目出たいもの、喜ばしいものはない。日本流にいえば、大判小判がザックザク、というところだろう。

　ところで中国では、原始社会からお金が使われてきた。貨幣の貨の字のなかに「貝」があるように、殷の時代、お金はカイガラだった。現在の中国語でも、宝もののことを宝貝という。

　貝製のお金は美しいけれども、大きさなどにバラツキがあった。もち運びにも不便だった。それが銅製になるのは、前四世紀の戦国時代からである。貨幣は、晋の国では農具のスキの形をしており、斉の国では刀の形をしていた。国ごとに、形も、大きさも、価値も、それぞれに異なっていたのである。

　前二二一年、秦の始皇帝は全中国を統一し、その後、文字や度量衡を統一した。そして貨幣も統一したのだった。半両とよばれる銅貨がその代表である。直径が約三〜四センチほどの円形で、真んなかに四角いあながあき、半両の二字が刻まれている。

わずか一枚のコインであるが、注目に値する。まず、その形である。円形は天を、四角のあなは地を、それぞれ形象している。古代の中国人の考えでは、円い天があり、四角い地があり、人間はその中間にいる。天・地・人の思想である。この秦朝の半両銭は、それからの二千年以上、中国のコインの規範となった。

銭龍に話をもどそう。お金というものがない時代、人びとは物物交換をしていた。それはきっと、平和で、争いの少ない時代だったろう。貝であれ、銅であれ、お金というものが発明されてこの方、人間社会はセワシクなってしまった。先だつもの、ができてしまったからである。

旧中国の花柳界では、三月三日、芸妓が銭龍をつくる習慣があった。先だつものの銭が、一般の社会では考えられないほど大量に流れるのが花柳界である。その世界で華のような顔をした芸妓は、こもごもの夢を托して、銭龍をつくったことだろう。

龍の銀貨を鋳造して、列強に対抗

次に、本物の銀製の龍コインの話に移ろう。一般には「龍紋大清銀幣」という。次頁の図版はその銀コインの裏であり、中央に一匹のいかめしい龍が刻まれているではないか。

その龍は大きく目をあけ、口をわずかにあけて、両脚を上にあげ、胴を左から右へと大きく曲げている。顔と胴のあいだで、例によって珠(たま)遊びをしている。いかにも力強く、清朝の

清代、列強に対抗して鋳造された龍の銀貨

威光を示しているようだ。

その通貨が用いられた十七世紀、明末から清初にかけて、中国と外国の接触、それをめぐる問題がにわかに多くなった。一六二四年、オランダがまず台湾を占領した。ロシアは中国の北辺の探険をはじめ、一六五九年、ネルチンスクを占領した。一六七三年、ベルギー人のフェルビースト（中国名、南懐仁）が、北京天文台の責任者となった。イギリスが南方の廈門（一六七五）や広東（一六九九）で、許されて貿易をはじめた……。

日本の江戸幕府が、こうした「紅毛碧眼の攻勢」をきらい、長崎の出島だけを例外的な窓口として、鎖国を断行したのは一六三九年のことだった。

このように、海を越えた他国への往来が活発になったのは、それほど遠い昔のことではない。アメリカをアジアと錯覚したコロンブス（一五〇六年没）や、太平洋の名づけ親であるマゼラン（一五二一年没）は、地球の丸さを実感した先駆者であろう。

しかし、この交流の問題は、彼らのスポンサーがスペインやポルトガルの王室だったことだ。資金などの援助をした王室も、その計画を実行した者たちも、「支配欲」という衝動にかられていたからである。コンキスタドレス（征服者たち）の精神が、そうした前人未到の事業を導いたのである。アステカ文明はメキシコ高原で発展し、太陽神や文字をもち、金銀は豊かだった。それを銃の力によって掠奪（りゃくだつ）し、破壊したコルテスは、コンキスタドレスの典型といえるだろう。

清朝の中国には、絹や茶、陶磁器など、ヨーロッパ勢のほしい品物がいくらでもあった。ただ、十七世紀の清朝は強大であり、コルテスのような人物の「出番」はなかった。彼らは貿易を望み、その決済には銀貨をもちいた。そうした洋銀はやがて、中国の南方の広東などで通用するようになった。

銀は歴史的に、貨幣として、金以上の支配的な地位をもつ。金ほどではないにしても、やはり貴金属であり、腐食しにくい。金融機関のことを銀行という。日本では、銀貨に代表される貨幣を鋳造した場所が銀座だった。

中国でも、かつて馬蹄（ばてい）形をした銀貨があり、元宝銀（ユアンパオイン）とよばれた。白銀（パイイン）といえば銀塊のことで、品質のよいことで知られていた。ヨーロッパの洋銀と中国の銀塊のあいだに問題が起こったのは、十九世紀末になってからのことである。その問題とは、貿易の決済にもちいられ、南方の中国で流通するようになった洋銀で、清朝の白銀が買われるようになったことである。悪貨は良貨を駆逐する、という。

自国の銀塊の流出に業を煮やした清朝は、自分でも銀貨をつくることにした。光緒十三年（一八八七）のことだった。この龍の銀コインの表には、「光緒元宝、広東省造」と刻まれている。民間では龍元ないし龍洋とよばれた。

秘法の龍菜は、皇帝専用の強壮剤

古代のインド人は、生老病死を、一つのセットとして、人間の一生として概括している。生まれてくるのと同様、しだいに老い、ときに病となり、いずれ死ぬのも、また当然だと考えた。この考えは仏教の世界観の背景ともなっている。

ところで、生物がなぜ老いるか（エージング）は、いまだに解明できない問題である。未解決の宿題なのである。現代の科学の方面では、遺伝子の記憶説や、活性酸素の活動説などがある。だが、どれもまだ定説ではない。

この老いをめぐり、中国人とインド人の考え方は対照的だ。インドでは、生から死にいたる過程を、直線ではなく、螺旋的に考える。それが輪廻である。人間であるという幸福の輪から外れないために、徳をつみ、善をつめ、と仏教は教える。

中国の古代では、医学は、老化を驚くほど冷静にとらえている。女は七年を基数として、男は五年を基数として、確実に老化していく、と。しかし、その古代医学と接点をもつ宗教の道教は、死の対極にある「不老長寿」をあえて主張する。人間はいつまでも、若く、元気でいることができる、というのである。

この主張には、さしもの皇帝から庶民にいたるまで、誰もが強い関心をしめした。その最たるものが、中国の歴史上、最初に全国を統一した秦(しん)の始皇帝(しこうてい)だろう。道士の徐福(じょふく)の「不老薬さがし」という進言を、無条件で聞きいれたからである。徐福は「不老の霊薬」を探すために、東の海へと出発した。数千ともいわれる童男童女と、百工とよばれる専門家たちを率いて、五穀の種や金銀財宝を携え、数百艘(そう)もの船を連ねての旅だったという。

それは司馬遷(しばせん)の『史記』にも書かれており、紀元前の三世紀にあった歴史的な事実である。当時の日本は、縄文時代から弥生時代への転換期にあたる。徐福たちの船の定員は五十～百人だったという。この人数は、じつに縄文期の一つの集落の人口にあたる。

「龍菜」は皇帝用の秘薬とか

徐福がほんとうに「青い鳥」の不老薬を探しあてたか否かは、ここでは触れない。ただ、筆者はかつて、北京(ペキン)のある薬屋で「皇帝専用の強壮剤」を探しあてた。その名も龍菜(ロンツァイ)であり、効能書きには、以下のようにある。

「龍菜は、清朝の太医（侍医）が、皇帝のために配合した秘薬である。それは腎(じん)を補い、陽を壮(つよ)め、脳を健やかにする効能をもつ」

「朝晩に一回ずつ服用すれば、数日後には全身が爽快になる。二十日後には、龍体（皇帝の身体）は輝き、言いようもない感覚となることから、龍菜と言う……」

「原材料は、すべて深山にある汚染と無縁な野生の動植物である。それらを厳密に定められた時期に採集し、陰陽の属性により、また五行の原理により配合した」

中国医学の用語はいささか難解である。そのポイントは、この龍菜が、男性機能をふくめて、身体や頭脳の機能を向上させることが期待できる、というものであろう。

原材料で具体的に名前のあがっているのは、野生の人参、ある種の蛾のオス、野生のクルミ、野生の花の花粉などである。それらを蜂蜜で練りあげてある龍菜は、甘く、苦く、ドロドロした液体である。

洗龍からは、水しぶきがあがった

皇帝のために「不老不死の霊薬」を探す……。道士の徐福が若い多数の男女を率いて、龍船にのり旅立つ……。いずれもロマンに満ちた話であり、想像をかきたてる。

ところで衛生とは、文字どおり、生を衛ることである。英語で衛生学のことを、ハイジーニクスという。その語源は、ギリシア神話にでてくる健康の女神ハイジアである。生を衛ること、すなわち健康であることは、神代からの関心事だった。

中国には、伏羲や女媧とともに、三皇のひとりとされる神農や、五帝のひとり黄帝がいる。神農は、人民に農耕なるものを教え、「百草を嘗（な）めて」、薬草と毒草の区別を教えたという。黄帝の名前は『黄帝内経』など、数多くの医学書や薬学書に冠せられている。

火で煮たり、炊いたりするのは、衛生の基本である。水で手を洗うことは、いつの時代からの知恵であろうか。中国では、新石器時代にすでに、石の鍼（はり）による治療が行われていた。甲骨文字のなかには、二十以上の病気を意味する漢字がある。秦（しん）代には陶器の排水管が用いられていた。

トイレのことを「お手洗い」という。これは傑作の日本語だろう。中国では一般に「洗手間」「厠所」と書く。北京の郊外にある大鐘寺（覚生寺）でのことである。重さ四十六・五トンの鐘があり、最近では「古鐘博物館」とも呼ばれる古刹（こさつ）である。

「この洗龍（シーロン）は、皇帝が用をたした後、手を洗ったものです」

との説明に、「エッ？」と自分の耳を疑ったものだ。実際に、皇帝が用いたというのではなく、観光地によくあるレプリカ（複製品）である。それは何の変哲もない青銅の器だった。さしずめ洗面器である。強いていえば、一対の柄（え）があることだ。それを持ち上げるためだろうと考えたのは、こちらの間違いだった。

「手のひらに水を少しつけて、左右の手で、それぞれの柄をこすります」

係員は説明しながら、実演をしてくれた。彼が手のひらを器の柄にこすりつける。キュッ、キュッという軽い音がする。しばらくすると、器の水の表面に、細かい水紋ができた。

「洗龍」はお手洗いでの水遊び（杭州）

それがやがて水しぶきとなり、水面から十センチ以上も立ちのぼった。サーッという、爽（さわ）やかな音をたてながら……。まさに「龍」を呼び出した、という感想である。ほんとうに驚いてしまった。

「先生もどうぞ」

といわれて試みたが、そう簡単に、龍は出てきてくれなかった。ポイントは、柄と手のひらの摩擦の程度にありそうだ。強すぎても、弱すぎても、水紋や水しぶきは現れない。

ほどよい摩擦の振動が器につたわれば、それが水しぶきとなる。意地ではないが、こちらも汗をかきながら、チャレンジした。とうとう最後には、小さな水しぶきができた。

皇帝が用をたした後、洗龍で手を洗い、龍の遊びをしたという話は、たとえ作り話であっても、とても面白い。この洗龍であるが、最近では中国の各地でお目にかかるようになった。東京は新宿にある高級な中華料理店では、入り口に飾り物として置いてある。

小さなタツノオトシゴも、強精薬

海のなかに目を転じてみたい。龍が水の管理者であり、海中には龍宮という神仙世界があるという（一〇六頁参照）。だとすれば、海のなかにも龍を探さなければならない。

タツノオトシゴ（龍落子）がいた。ヨウジウオ科の海の魚である。体長は十～三十センチほどで、全身が骨板でおおわれている。内海などの藻に、尾をからませて、ゆらりと静かに立つ。その姿は、小さいながらも、まさにタツの一族である。

タツノオトシゴはまた環境により、その色を変えることで有名だ。赤・黒・黄・緑・茶・灰・白・黒など、じつに多彩である。海の藻のなかで様ざまに色を変えるタツノオトシゴが、「海のかくし絵」とよばれるのも、そうした理由からだ。

タツノオトシゴの薬名は「海馬」

生薬、いわゆる漢方薬の世界では、タツノオトシゴは、海馬とよばれる。その頭が、見ようによってはウマの頭に似ているからだ。海馬をまるごと乾燥させたものであり、やはり生ぐさい。

日本では、タツノオトシゴは各地の沿岸で見られる。中国では、福建や広東などの南方が主な産地である。上の図版は、四川省成都の生薬マーケットでのもの。成都の北駅ちかくに荷花池という繁華街があり、赤みがかった海馬が山のように積まれていた。

その薬効には、じつに興味ぶかいものがある。

まず、「腎（じん）を補う」という。中国医学では、この「腎」を特別に重要視している。それは腎臓の腎というよりも、生命力の源泉ということなのである。海馬には、その生命の源を補う力があるという。

また、「陽を壮（さか）んにする」ともいう。ここでいう陽は、男性の機能のことだ。女性を陰、男性を陽と対比するのは、中国人の伝統的な考え方の特徴である。

人類の世代リレーは、陰と陽との共同の作業の結果である。そのためにも、陽は壮（さか）んでなければならない、というわけだ。こうしたタツノオトシゴの薬効は、じつは科学的にも確認されている。ハツカネズミによる動物実験がある。海馬からの抽出物は、去勢したネズミを発情させるし、正常なネズミの発情期を延長させるのである。

さらに、「血（けつ）を活かす」ともいう。ここでいう「血」も、血（ち）ではない。中国医学では、気と血（けつ）とが生命の基礎であるとする。とくに女性の場合、この血が大切だ。海馬は、それを活性化するし、難産にはよく効くという。

民間の伝承では、産婦にタツノオトシゴを握らせると、安産になるという。日本にも、中国にも、この伝承が同じようにある。親の龍はもとより超能力をもつが、その子もまた「霊験あらたか」であるようだ。

中国の薬に、海馬補腎丸（ほじんがん）がある。すでに製品となった薬、すなわち製剤である。海馬補腎丸は、これまでの薬効の説明をそっくりパックしたような薬である。それは海馬をはじめ、二十種類もの薬剤から作られる。その中には、次項から取りあげる龍骨もある。どうやら龍は、親子で、人間様のために役立っているようだ。

身近な漢方薬にも、龍骨の処方

以前に（一九九六年）、筆者は中国の薬をあつかった本『チャイナ・ドラッグ』（日本医療企画）を出版した。専門的な仕事をする場合、やはり友人や知人の世話になることがある。ありがたいものだ。中国薬のことは、友人の中医師の李雲祥（リーユンシアン）さんのお世話になる。

　李さんの家系は代々の中医である。十数年前、李さんは日本人の奥さんや子供さんたちと、日本にやってきた。中国薬を専門にあつかう薬局に、また李さんを訪ねた。いつもの温厚そうな笑顔が、そこにあった。

「龍骨（ロンクー）をいれた薬ありますか？」

「エッ？　今度は、龍骨を書くんですか……」

　と笑いながら、李さんは箱を二つだしてくれた。

　柴胡加竜骨牡蠣湯（さいこ・か・りゅうこつ・ぼれい・とう）

　桂枝加竜骨牡蠣湯（けいし・か・りゅうこつ・ぼれい・とう）

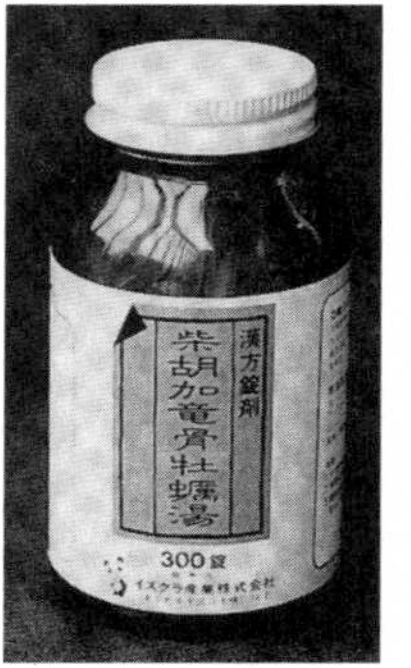

「龍骨」入りの漢方薬

である。漢字がならび、とっつきにくい。だが、前頁のように区切って読めばいい。それは薬剤や製法をしめしている。柴胡や桂枝に龍骨などを加えた薬である。湯とは、もともと煎じ薬で、液体のことだが、いまでは錠剤や顆粒のものもある。

サイコはセリ科の植物で、日あたりのいい山野に自生する。春さきの苗は美味しいオヒタシになり、夏には黄色い傘状の花をつけ、晩秋には燃料の柴となる。サイコの根を乾燥させたものが柴胡で、肝・胆・心などによく効く薬だ。

牡蠣は、じつはカキの貝がらである。その中身は、寒い時期の絶品で、生かき、酢がき、かき鍋など、どれも美味しい。その貝がらを捨てずに、収斂材として薬にするあたりが、中国人の知恵というものだ。

桂枝は、ニッケイの樹皮であり、お菓子にも用いられる。その桂枝などを処方した桂枝湯は、風邪の初期によく効く昔ながらの薬である。

さて、龍骨いりの二つの薬である。李さんの話によれば、前者はノイローゼや動脈硬化など、後者はヒステリーやインポテンツなどに、よく効くという。目のまえの薬は日本製であるが、この二つの処方は古典的な中国の処方であり、二千年の歴史があるという。

龍骨の正体は、ウシやサイなど大型動物の骨の化石である。龍骨はカルシウムを主としており、やはり収斂の作用があるという。収斂とは、キュッと束ねて一つにまとめることである。これは生体にとって重要な作用の一つである。

中国医学では、神経症（ノイローゼやヒステリーなど）を鬱症（うつしょう）といい、勃起障害（インポテンツ）を陽萎（ようい）という。その発症の過程は複雑だが、ある種の共通点、すなわち本来の機能の弛緩がある。龍骨には、それを収斂させ、機能を回復させることが期待される。

中国の薬、いわゆる漢方薬は、もとより組み合わせに妙がある。長年の経験により、各種の薬剤を、一定の割合で混ぜ合わせるのである。

「龍骨と牡蠣は、姉妹の関係にあり、いっしょに処方することが多いですよ」

と李さん。ますます分からなくなってくる。中国薬の世界は奥が深く、それがまた魅力でもあるのだが……。

太古の龍骨が、正倉院の御物なり

ヒトが恐龍のことに気づいたのは、意外におそく、一八二二年のことだ。イギリスのマンテル夫人が散歩のときに発見した「不思議な化石」は、じつは恐龍の歯であることが、やがて学問的に証明される。中国の恐龍のことは、すでに第二章で紹介した。最近では、日本の恐龍も話題となり、石川や福井など四県にまたがる手取層群に、スポットがあてられている。また、子供の観客をあてこんだ「恐龍の赤ちゃん展」が開かれたりもした。

さて、前項からの龍骨であるが、じつは日本にもある。奈良の正倉院は八世紀の創建だが、そこには千年の眠りにつく龍の骨や歯がある。

正倉院はよく「シルクロードの東の終着駅」といわれる。そこに超国宝級の文化財があることは世界的に有名である。そうした「宝」を戦火や風雨から守り、今日につたえた功績は大きい。いずれも聖武（しょうむ）天皇の遺愛品や、東大寺の寺宝である。中国の唐代の琵琶（びわ）や陶磁器、ペルシアのガラス器はつとに有名である。

だが、龍骨など薬物のことは意外に知られていない。昭和二十年代の後半、正倉院の御物の薬物にたいして学術調査が行われた。それは当時の民主化の風潮とも関係があっただろう。正倉院は要するに、東大寺という寺に属する大きな倉庫なのである。六十点にのぼる貴重な薬物が、盧舎那（るしゃな）仏のために奉じられた形になっている。

そのリストがあり、「種々薬帳」とよばれる。最古のものは天平勝宝八年（七五六）六月二十一日付である。その中に、

龍骨　五斤十両　　五色龍骨　七斤十一両
白龍骨　五斤　　龍角　十斤
五色龍歯　二十四斤　　似龍骨石　二十七斤

などとある。リストはその後も作成されており、薬物の分量がすこしずつ減っている。そ

れは思うに、実際に用いられたことを意味するだろう。

余談になるが、天平版のリストの最後に、薬物の奉納にかかわった人物たちの肩書と、本人のサインがある。そのトップは、

藤原朝臣仲麻呂

である。仲麻呂の曽祖父は、「大化の改新」の推進者である鎌足だ。あの改新はじつは、七世紀に断行された「近代化」である。それは視点を変えれば、蘇我氏と藤原氏の抗争であり、勝者は後者だったのである。

さて、学術調査の報告書『正倉院薬物』（昭和三十年）によれば、

龍骨↓化石鹿の角　龍歯↓印度象の歯

正倉院御物の「龍歯」はインド産？

であるという。写真は、『正倉院薬物』では「五色龍歯」である。いまから千二百年前の天平の昔、この「龍の歯」は美しく五色に輝いていたのであろう。二十世紀の「科学」はそれを、「かなり高度に進化したゾウの上顎右第三大臼歯であり」「おそらくはインドからの渡来品であろう」と結論する。その成分の約半分は酸化カルシウムであるという。

こうした科学的な鑑定に、「夢がさめた」と思うのは、筆者だけであろうか。まもなく本書を終えるにあたり、さらに「龍のロマン」を追いもとめ、「龍」と名のつく果物や食材、料理などから、代表的なものを調べてみたい。

龍眼とは、甘美なフルーツだった

「これが龍眼（ロンイエン）か！」と、思わず声をあげた。

半世紀以上も昔、一九六七年夏のことだった。当時、日本と中国の間には国交がなかった。しかもその中国には、「プロレタリア文化大革命」という嵐がふき荒れていた。そんな「赤い」中国へいくことなどは、当時の日本では、「非常識」であり、「危険」きわまりないとされた。

そんな時代に、日本の百二十人もの大学生が、ドイツのルフトハンザ機をチャーターし、香港（ホンコン）を経由して、三週間の中国旅行を敢行したのだった。それ自体が、日本ではちょっとしたニュースだったし、その一員だった筆者にとっては、最初の中国旅行だった。

いまは「特別行政区」の香港は、当時はイギリスの支配下にあった。その香港（九龍）から広州までは、特別列車を乗り継いで入った。その途中、どこかの小さな駅で停車したときのことだった。農民たちが手に手に、丸い実のついた枝をもち、ホームまで売りにきたものだった。それが龍眼の実だった。値段はとっくに忘れてしまった。だが、その黄色がかった皮をむくと、野生的で、独特な甘味のある白い果肉があり、黒い大きな種のあったことは、いまも記憶に新しい。

その後に調べて、分かったことだ。リュウガン（龍眼）といえば、りっぱな果樹であり、薬木である。ムクロジ科の常緑樹で、高さが十メートル以上になり、中国の南部に自生する。春には、黄色がかった白い小さな花をつけ、甘い、芳香がする。夏には、それが円形の、黄色がかった褐色の実となる。果肉は白く透きとおり、独特の甘味がある……。

リュウガンの実を干したものを、やはり龍眼という。ビー玉ほどの大きさであり、桂円（クエユアン）ともいう。中国でその後、この龍眼にお目にかかるのは、不思議と西北地方でのことが多かった。青海省などで龍眼が採れるはずがなく、南方からの「輸入品」である。

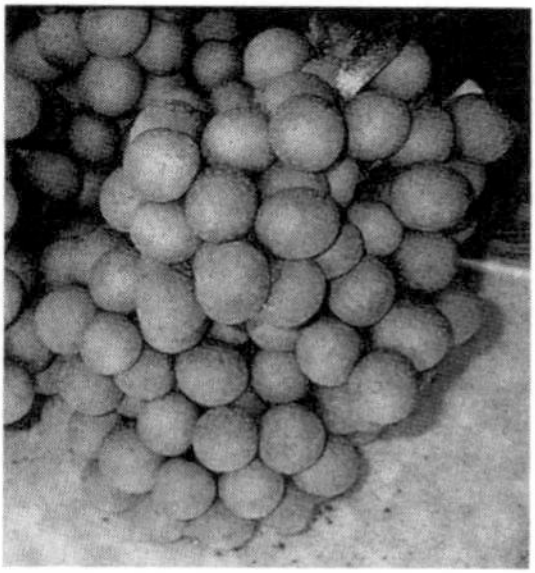
中国南方のフルーツ「龍眼」

お茶として、龍眼を用いるのには、驚いた。

龍眼を、クルミ、ナツメ、クコ、それに人参（にんじん）や茶の葉、氷砂糖とともに、茶碗（ちゃわん）にいれる。この茶碗は北方でよくみる柄（え）つきの大きな茶碗ではない。小さく、ふた付きで、台となる皿もある。日本人の感覚なら、茶碗蒸しの器として使いたくなるサイズだ。

それに熱湯をそそぐ。龍眼をはじめとする中身は、すべて滋養に富んだ食材であり、薬剤である。それらは熱湯のなかで軟らかくなり、それぞれの味と香りを出してくる。茶碗のなかは、美味しさのハーモニーとなる。三泡茶とか八宝茶などの名前でよばれている。

中国の西北の地方では、空気がものすごく乾燥している。年間の降雨量もわずかで、新疆のトルファンでは、たったの十六ミリにすぎない。ちなみに東京では、千四百ミリだ。そうした場所で暮らす人たちにとって、お茶は、必需品である。緑茶もいいし、ジャスミンいりの花茶もいいし、ヒツジなどの乳でつくった奶茶も、またいいものだ。

だが、滋養に富み、ほどよい甘さの龍眼のお茶はもっと歓迎される。それは、のどの渇きをいやすだけでなく、元気を回復させてくれるからだ。龍眼はなにしろ、実から根まで、すべて薬用となる。脳の疲れをとり、腎を養い、皮膚病を治すという。

東北地方の飛龍のスープは、献上品

飛龍は、熊掌とならんで、中国の北方を代表する超高級な食材の一つである。その肉はしまり、白みをおび、この上なく美味しい。とりわけ飛龍のスープは、調理しても濁ることがなく、皇帝のお好みだったという。

この飛龍の正体はじつは、ライチョウ（雷鳥）の仲間である。キジ科のライチョウは地球の北半球にだけ分布する。ユーラシアやアメリカの北部に、日本では北アルプス立山（富山県）など中部の山岳地帯にすみ、国の特別天然記念物である。

ライチョウにとっては迷惑この上ない話なのだが、「猟鳥の王」という名前がある。

また、ライチョウの英語名を「グラウス」といい、国や地域により名前が異なっていて面白い。ヨーロッパでは一般にブラック・グラウス、英国ではレッド・グラウス、米国ではラフド・グラウスとよばれている。このように、ハンターの絶好の標的とされるライチョウは、それだけ種類（仲間）が多いということだ。

ライチョウはさらに、よく鳴くことでも有名だ。朝と晩に、「ジジジー」と特徴的な声で鳴く。英語ではブツブツ不平をいう人のことを、ライチョウには失礼なのだが、グラウスということもある。

中国北方の献上品だった「飛龍」

中国人のハンターは特製の笛をもっている。その笛の音は「ジジジー」であり、ライチョウの鳴き声にそっくりだ。それでライチョウを呼びよせ、しとめてしまう。

飛龍とよばれるライチョウであるが、じつは飛ぶことが苦手である。留鳥の一種であり、体長は約四十センチほどで、丸い体つきである。季節によって羽根の色が変わることも知られている。夏は褐色で、冬は白色となる。首や胸、尾などに黒い斑（はん）があり、美しい。

中国では東北地方の吉林省にある長白山が一番有名だ。

ライチョウが生息する場所は海抜千メートル以上である。一帯では、カバノキ科の落葉樹ハシバミ（榛）がよく茂る。このことから中国では、飛龍のことを榛鶏（チェンチー）ともよぶ。長白山中では、一時間の山歩きをすれば、一、二羽の飛龍にお目にかかるという。

　中国のラスト・エンペラーは、東北出身の少数民族である満州族だった。彼らは中央を制覇した後も、故郷の味覚が忘れられなかったようだ。ライチョウは清朝での「歳貢品」だったのである。毎年かならず献上しなければならない、鳥だったのだ。

　飛龍という名前は、そうした皇帝の趣味とも関係があるだろう。中国の歴史から皇帝が消えたのは、一九一一年から始まった辛亥革命が起因である。「人民」中国が成立したのが、一九四九年である。こうした歴史的な流れの中で、飛龍にとっては災難だろうが、庶民の口にも入るようになった。

　民は、食をもって天とする、という中国である。略して、「食為天」ともいう。食事至上主義とでもいおうか、中国人はともかく食べることを大切にする。映画やテレビでも、円卓をかこんでの宴会シーンの多いこと。ただ、「口の福」を満たすと同時に、飛龍をはじめとする自然の資源を保護しなければならない。これは人類が直面する課題である。

蓬莱の島に「清蒸龍王」があった

飛龍は、中国の北方の食材だった。では、南の海に「龍の食材」を探してみよう。上海（シャンハイ）

から東南の海上、約百キロ、そこはすでに浙江省であり、中国でも有名な漁業の基地・舟山群島である。大小の島がつづいていて、船の上からも見あきることがない。

そこの岱山（たいざん）は、半農半漁の大きな島だった。じつは徐福の取材で三回訪れたことがある。中国の沿岸の各地には、徐福伝説がある。

日本の徐福伝説も相当なものだ。南は九州の佐賀や鹿児島にある「上陸地」や神社から、和歌山の新宮にある「墓」や「祠」、山梨の富士吉田にある「祠」や「古文書」、青森の小さな「徐福像」やねぶた祭まで、まさに話題にこと欠かない。

しかし、中国でも日本でも、長い間、学者は徐福を研究のテーマとしなかった。それは民間の伝承にすぎない、とされてきたのである。しかし、一九八二年に江蘇省で徐福の故郷が「発見」されて、徐福研究は本格化した。同時に、徐福ゆかりの各地でも、話題の掘りおこしが活発になっている。『不老を夢みた徐福と始皇帝』（拙訳、勉誠出版、一九九七年）は、中国の数ある徐福研究の論文のなかから、九本を選びだし、日本語にしたものである。

「蓬莱の仙島」が、岱山の別名である。この島の伝説では、日本に出発する前、徐福がここを中継基地にしたという。島には徐福を祭った廟がある。徐福の末裔の医者が住んだとされる丘があった。そこに徐福を記念する立派な浮き彫りがつくられたのは、一九九五年のことである。

その四年後（一九九九年冬）、岱山に、高さ十メートルの徐福像が完成した。中国で最大

ウナギを丸ごと料理「清蒸龍王」（浙江省・岱山）

の石像であり、東を向いている。その除幕式に出席して祝辞をのべてきたが、近い将来、徐福を祭る公祠を作る計画があるとのことだった。

計画は実行され、その後、公祠には徐福や童男童女の像が建てられ、祀られている。

南の海はさすがに豊穣だった。新鮮で、美味(おい)しい魚や貝類の毎日だった。ある日の夕食に、珍しい料理がでてきた。その名も、

清蒸龍王（チンチョン・ロンワン）

という。直径が六十センチもある大皿に、トグロをまく魚が一匹。頭の部分が約十センチほど立ちあがっている。その口には、赤いサクランボを一つ、くわえているではないか。

龍が珠(たま)遊びを好むことについては、すでに何回か紹介した。今日の一品は、赤い珠をくわえた龍が、南の海から姿をあらわした……という印象だった。その正体は、なんとウナギだった。料理名を日本語にすれば、

「大ウナギの蒸し煮」

というところだ。新鮮な魚や、高級なトリ類を調理する方法である。材料をきれいに洗い、酒や調味料をかける。皿などにいれ、大きな鍋などをもちいて蒸す。中国語では「清蒸（チンチョン）」という。素材の美味しさを楽しむには、この調理法に限る。

料理人のセンスに感心しながら、味わってみる。南海の大ウナギだけあり、身がたっぷりとある。それでいて大味ではない。脂気は強いが、アルコール分五十度以上の白酒とはきわめて相性がいいのだ。

徐福は、和歌山などで「漁業の神」として祭られている。たぶん、クジラなどの集団漁法を教えたからであろう。縄文時代から弥生時代にかけて、日本は、中国や朝鮮から多くを学んだ。稲作や冶金（やきん）、製糸や紡織などである。大ウナギをつつき、そんなことを思いだしていた。連想が連想をよび、つい杯をかさねるうちに、いつしか、すっかり酔ってしまった。

龍鍋で、庶民の餃子を賞味すれば

餃子（ギョーザ）ほど、日本人に親しまれている中国食品はないだろう。その第一の理由は、栄養バランスの良さにある。皮は小麦であり、なかには肉など動物性タンパク質、それに野菜がある。ほぼ満点の食品といえるだろう。

北京（ペキン）の人は餃子を「チアオツ」と発音する。それが標準語でもある。それを「ギョーザ」と発音するのは、山東省である。どうやら、餃子という食品を最初に日本人に教えたのは、山東省の人のようだ。天津丼は天津になく、天津甘栗は、同様のものはあるが、天津人はそう呼ばない。

ところで、日本人が好んで食べるのは、焼き餃子だ。中国では一般に、水(すい)餃子である。ゆでたての餃子に、黒酢とラー油をつけ、北方人であれば、生のニンニクをかじりながら食べることが多いはずだ。

中国では、餃子は主食である。しかも、最も庶民的な主食だ。だから日本のような「餃子ライス」などは、あり得ない。成人男子であれば、ひとり二十～三十個が平均だ。中国人はあまり細かい計算をしないが、餃子一個につき、ブタ肉六グラム、野菜ほぼ同量、小麦粉十グラムが主な材料である。

餃子を好んで食べるのは、中国の北方である。黄河の一帯とその北側は、「餃子文化圏」といえそうだ。長江（揚子江）の南では、あまり餃子を食べない。黄河と長江の間では、その中間である。これまでの体験では、二ヵ所の餃子が印象にのこっている。

東北の瀋陽(しんよう)と、西北の西安である。東北はもとより餃子の本場である。老若男女、誰でも餃子づくりがうまい。六十度の白酒(パイチュウ)に餃子があれば、それで満足、という庶民は少なくないようだ。ただ、これから紹介するように、じつは餃子のフルコースもある。

西安の餃子は、とくに外国からの観光客にとっては、宴会料理である。庶民の、ありふれた家庭の味を、宴席にまで格あげした知恵と熱意には、やはり敬意を表したい。

「龍鍋」で餃子を賞味する（遼寧省・瀋陽）

それは餃子宴（チアオツイエン）という。餃子のオンパレードだ。加熱法は、蒸す、焼く、ゆでる等。餃子のなかの具は、ブタやヒツジなどの肉、エビやカニなどの魚介、シイタケやキニラなどの野菜と、まさに千変万化である。

餃子の形がまたふるっている。一般的な形をした餃子だけでなく、動物や鳥の形をしたもの、食べるのがおしいような宝石を思わせるようなものなどがある。ただし、その餃子はちょうど人数分だけしかなく、一つしか食べられないのが残念である。それが「宴会」というものだろう。

龍鍋（ロンクオ）の餃子は、そうしたフルコースの最後を飾る。瀋陽でも、西安でも、そうだった。

龍をあしらった鍋がでてくる（上図）。燃料に点火すると、鍋全体が火につつまれる。うす味のスープがはられ、マメつぶほどの真珠餃子が踊っている。

小さな碗（わん）に、服務員（ウエートレス）がそれを入れるとき、その口上がふるっている。餃子の数が、

二つであれば、目出たいことが重なります……

四つであれば、四方八方がうまくいきます……

零であれば、良くないことは丸でなし……

と。要するに、餃子の数がいくつであっても、すべて「吉祥」なのである。皇帝のシンボルである龍を鍋にして、庶民の味である餃子を、面白おかしく賞味する。これぞまさしく、中華の食文化の極致といえないだろうか。

おわりに

中国人はどうして、こんなに龍が好きなのだろう、と思いはじめて十年以上になる。上は支配者から、下は庶民まで、彼らの龍好きは徹底している。龍顔や龍光などの皇帝だけに用いられる言葉があり、龍船や龍車などの皇帝専用の道具がある。その皇帝は龍を独占し、専有しようとしたが、「政策あれば対策あり」とか、庶民も負けてはいない。

民間には、土くれで作った素朴な龍や、稚拙な版画の龍がいくらでもある。農暦の正月である春節は、龍踊りでにぎわう。農作業のはじまる二月二日は「龍が頭を抬げる日」であり、「龍の鱗の餅」や「龍のヒゲの麺」を食べる習慣があった。泰山や黄山の登り口では、龍の頭を彫りつけたストックを売っている。龍の例は、まさに枚挙にいとまがない。

そうした見聞や体験をするなかで、いつか龍のことをまとめて書いてみたい、と思うようになった。調べてみると、龍をテーマとした本や雑誌も、日本や中国でかなり出されていることが分かった。ただ、龍のイメージはいかにも茫漠としており、あらゆる分野と関連しているようでいて、具体的なこととなると、素材は意外なほど少ないのが現実だった。

チャンスがやってきた。長野県須坂市で『須坂新聞』（週刊）を発行している北沢邦夫さんから、「龍について書いてみませんか」とのお誘いがあった。冒険だなと思いつつ、「百回ほどの連載になりますが……」と提案すると、「どうぞ」とのこと。

一九九四年十二月の第〇回「予告」から、九七年五月の第百回「未完の弁」まで、三年がかりの連載「龍百話」だった。

「未完」というのは、予定していた日本やアジアの龍、さらにはインドのナーガ、ヨーロッパのドラゴンと龍の関係まで筆が進まないうちに、百回となってしまったからである。当初の本音をいえば、百回分の龍の材料がないのではと心配していたが、結果はその逆だった。イスラム世界にも、中南米の古代文明のなかにも、龍ないしその類似物がありそうだ。

暦のうえでは、十二年に一回、辰（龍）年がめぐってくる。漢字の文化圏では、龍がそれほどまでに生活のなかに融けこんでいる。二十世紀の最後の「龍の年」に、「龍百話」をベースにして、大幅な加筆をし、『龍の百科』とした。まだまだ不十分なことは承知のうえだが、龍の発生から変遷、さらには今日の話題までを、約六千年にわたり、いちおう幅ひろく跡づけたのではないかと思っている。

最後になったが、新潮社出版部の青木頼久さんには、非常にていねいな仕事をしていただいた。百以上に分かれた材料を、大胆に取捨選択して、本書のような読みやすい形に再構築したのは、青木さんの功績である。そのことを記して感謝の辞としたい。

一九九九年　初冬

池上正治

学術文庫あとがき

「おわりに」（二五三頁）にあるように、本書には二つの「前身」がある。
「龍百話」一九九四年から九七年まで、長野県の『須坂新聞』（週刊）に連載
『龍の百科』新潮社（新潮選書、二〇〇〇年）

さらにもう一冊、『龍と人の文化史百科』（原書房、二〇一二年）を書いた。二度あることは三度ある、というのは本当だった。ただ正直な話をすれば、辰（龍）年やその直前に、計二十四年の間に、龍の本を三冊も出そうとは、自分でも想像しなかった。

龍をテーマとした講演会もかなりの数やった。会場でよく「どうして龍に、そんなに関心が……」と聞かれる。決まって「中国に関心をもち、中国のことを調べていると、龍の話題がどんどん広がってきて……」と答えることにしている。

例えば、禹（う）は黄河の治水に成功し、舜（しゅん）から平和的に権力を移譲されて、最古の王朝・夏（か）（前二〇七〇?〜前一六〇〇?年）の始祖となる。その禹の古い字形をみると、「虫」と「九」からできており、この「虫」は龍と解釈できる（二一一頁）。

また、洛陽では夏朝の貴族の墓から、埋葬品というには豪華すぎる「トルコ石の龍」が出

土した。緑松石龍形器である（八二頁）。

天を、中国人は非常に気にする。政治が正しければ、天はそれを嘉（よみ）して、きわめて珍しい品を地上に現す。その最たるものが黄色い龍（黄龍）（一三二頁）。

画龍点睛（がりょうてんせい）がそうであるように、中国語には、龍をメインにした故事や成語が少なくない。その卓越した物語性もあり、しっかり日本語となっている（一六四頁）。

安くて美味しい、最も庶民的な食品の餃子を食べるのに、皇帝のシンボル、龍にあやかる鍋（龍鍋（ロンクオ））で賞味するというのもまた、一興である（二四九頁）。

こうして数えあげていくうちに、本書を読み終えてしまうだろう（笑）。

本書では、アジアの龍については多方面から考察したし、『聖書』世界のドラゴンにも触れた。言及しなかったが、中米マヤ文明のククルカン（羽根をもつ蛇、農耕神）は、龍に似ていなくもない。このように見てくると、「龍の世界」すなわち「世界の龍」でもある。

最後になったが、講談社学芸第三出版部の原田美和子さんには、非常にていねいな仕事をしていただいた。今回、前作に補筆すると同時に、そこにあった誤りは正し、分かりにくい個所は改めることができた。記して感謝の辞としたい。

二〇二三年　盛夏（喜寿を迎えて）　池上正治

【わ】

【ま】

【や】

【ら】

【た】

索引

KODANSHA

本書は『龍の百科』（新潮選書　二〇〇〇年刊）を加筆修正、画像追加のうえ、改題したものです。

池上正治（いけがみ　しょうじ）

1946年新潟県生まれ。翻訳家。東京外国語大学卒業。日本翻訳家協会元理事。日本ペンクラブ元理事。中国に関する研究・翻訳，中国やインドの伝統医薬学の考察に取り組む。著書に『グローバル中国』『「気」の不思議——その源流をさかのぼる』『仙境の地・青城山』『チャイナ・ドラッグ』『龍と人の文化史百科』，編書に『中国旅行全書』、訳書に王静『中国慈城の餅文化』など。

講談社学術文庫

定価はカバーに表示してあります。

龍の世界

池上正治

2023年10月10日　第１刷発行

発行者　髙橋明男
発行所　株式会社講談社
東京都文京区音羽 2-12-21 〒112-8001
電話　編集（03）5395-3512
販売（03）5395-5817
業務（03）5395-3615
装　幀　蟹江征治
印　刷　株式会社広済堂ネクスト
製　本　株式会社国宝社
本文データ制作　講談社デジタル製作

ISBN978-4-06-532740-1

「講談社学術文庫」の刊行に当たって

これは、学術をポケットに入れることをモットーとして生まれた文庫である。学術は少年の心を養い、成年の心を満たす。その学術がポケットにはいる形で、万人のものになることは、生涯教育をうたう現代の理想である。

こうした考え方は、学術を巨大な城のように見る世間の常識に反するかもしれない。また、一部の人たちからは、学術の権威をおとすものと非難されるかもしれない。しかし、それはいずれも学術の新しい在り方を解しないものといわざるをえない。

学術は、まず魔術への挑戦から始まった。やがて、いわゆる常識をつぎつぎに改めていった。学術の権威は、幾百年、幾千年にわたる、苦しい戦いの成果である。こうしてきずきあげられた城が、一見して近づきがたいものにうつるのは、そのためである。しかし、学術の権威を、その形の上だけで判断してはならない。その生成のあとをかえりみれば、その根は常に人々の生活の中にあった。学術が大きな力たりうるのはそのためであって、生活をはなれた学術は、どこにもない。

開かれた社会といわれる現代にとって、これはまったく自明である。生活と学術との間に、もし距離があるとすれば、何をおいてもこれを埋めねばならない。もしこの距離が形の上の迷信からきているとすれば、その迷信をうち破らねばならぬ。

学術文庫は、内外の迷信を打破し、学術のために新しい天地をひらく意図をもって生まれた。文庫という小さい形と、学術という壮大な城とが、完全に両立するためには、なおいくらかの時を必要とするであろう。しかし、学術をポケットにした社会が、人間の生活にとってより豊かな社会であることは、たしかである。そうした社会の実現のために、文庫の世界に新しいジャンルを加えることができれば幸いである。

一九七六年六月

野間省一

文化人類学・民俗学

124
年中行事覚書
柳田國男著（解説・田中宣一）

人々の生活と労働にリズムを与え、共同体内に連帯感を生み出す季節の行事。それらなつかしき習俗・行事の数々に民俗学の光をあて、隠れた意味や成り立ちを探る。日本農民の生活と信仰の核心に迫る名著。

135
妖怪談義
柳田國男著（解説・中島河太郎）

河童や山姥や天狗等、誰でも知っているのに、実はよく知らないこれらの妖怪たちを追究してゆくと、正史に現われない、国土にひそむ歴史の事実をかいまみることができる。日本民俗学の巨人による先駆的業績。

484
中国古代の民俗
白川　静著

未開拓の中国民俗学研究に正面から取り組んだ労作。著者独自の方法論により、従来知られなかった中国民族の生活と思惟、習俗の固有の姿を復元、日本古代の民俗的事実との比較研究にまで及ぶ画期的な書。

528
南方熊楠（みなかたくまぐす）
鶴見和子著（解説・谷川健一）

南方熊楠――この民俗学の世界的巨人は、永らく未到のままに聳え立ってきたが、本書の著者による満身の力をこめた独創的な研究により、ようやくその全体像を現わした。〈昭和54年度毎日出版文化賞受賞〉

661
魔の系譜
谷川健一著（解説・宮田　登）

正史の裏側から捉えた日本人の情念の歴史。死者の魔が生者を支配するという奇怪な歴史の底流に目を向け、呪術師や巫女の発生、呪詛や魔除けなどを通して、日本人特有の怨念を克明に描いた魔の伝承史。

677
塩の道
宮本常一著（解説・田村善次郎）

本書は生活学の先駆者として生涯を貫いた著者最晩年の貴重な話――「塩の道」「日本人と食べ物」「暮らしの形と美」の三点を収録。独自の史観が随所に読みとれ、宮本民俗学の体系を知る格好の手引書。 電P

文化人類学・民俗学

1085
山折哲雄著
仏教民俗学
日本の仏教と民俗は不即不離の関係にある。日本人の生活習慣や行事、民俗信仰などを考察しながら、民衆に育まれてきた日本仏教の独自性と日本文化の特徴を説く。仏教と民俗の接点に日本人の心を見いだす書。

1104
宮本常一著（解説・神崎宣武）
民俗学の旅
著者の身内に深く刻まれた幼少時の生活体験と故郷の風光、そして柳田國男や渋沢敬三ら優れた師友の回想など生涯にわたり歩きつづけた一民俗学徒の実践的踏査の書。宮本民俗学を育んだ庶民文化探求の旅の記録。

1115
小松和彦著（解説・佐々木宏幹）
憑霊（ひょうれい）信仰論
日本人の心の奥底に潜む神と人と妖怪の宇宙。闇の歴史の中にうごめく妖怪や邪神たち。人間のもつ邪悪な精神領域へ踏みこみ、憑霊という宗教現象の概念と行為の体系を介して民衆の精神構造＝宇宙観を明示する。

1378
吉野裕子著（解説・村上光彦）
蛇　日本の蛇信仰
古代日本人の蛇への強烈な信仰を解き明かす。注連縄・鏡餅・案山子は蛇の象徴物。日本各地の祭祀と伝承に鋭利なメスを入れ、洗練と象徴の中にその跡を隠し永続する蛇信仰の実態を、大胆かつ明晰に論証する。
電 P

1545
筑紫申真著（解説・青木周平）
アマテラスの誕生
皇祖神は持統天皇をモデルに創出された！　壬申の乱を契機に登場する伊勢神宮とアマテラス。天皇制の宗教的背景となる両者の生成過程を、民俗学と日本神話研究の成果を用いダイナミックに描き出す意欲作。

1611
池田弥三郎著
性の民俗誌
民俗学的な見地からたどり返す、日本人の性。一夜妻、一時女郎、女のよばい等、全国には特色ある性風俗が伝わってきた。これらを軸とし、民謡や古今の文献に拠りつつ、日本人の性への意識と習俗の伝統を探る。

文化人類学・民俗学

2669
鏡味完二著
日本の地名
付・日本地名小辞典
二〇〇〇万もある我が国の地名は、歴史と民俗の痕跡である。地名の意味、伝播の過程、調査方法を詳細に解説した地名学は、柳田國男をも魅了した。貴重な資料として約一三〇〇項目の「日本地名小辞典」付き。
電P

2676
野本寛一著
言霊（ことだま）の民俗誌
火除け、虫除け、雨乞い、失せ物探し、道中安全、子守歌、祝いと祭り……。日本の津々浦々で古老たちが語り聞かせてくれた、霊力・呪力をもったふしぎなことばの数々。「言霊の幸はふ国」の得がたい貴重な記録。
電P

2681
谷川健一著
埋もれた日本地図
沖縄、紀伊、東北、水俣……。各地の集落を訪ね歩き、連綿と続いてきた庶民の生き方に、優雅さと高貴さと幽玄を見出す。名もなき生者と死者の生きた場所から、現在に連なる精神史を繙く、谷川民俗学の真髄。
電P

2713
鈴木正崇著
女人禁制
なぜそこに立ち入ってはいけないのか。「禁制」はいかなる背景から生まれ、変化する政治や社会の中で受け継がれてきたか。なぜ、人々はそれを守ろうとするのか。賛成／反対、伝統／差別の二分法を乗り越える論考。
電P

2731
俣野敏子著（解説・松島憲一）
そば学大全
日本と世界のソバ食文化
日本の「蕎麦」だけが「ソバ」ではない。フランスのガレット、イタリアのポレンタ、ウクライナのカーシャ、スロベニアのソバ団子、ネパールの腸詰め…。世界のソバを食べ歩いた農学者が、日本そばの可能性を再発見。
電P

2742
郡司すみ著（解説・森重行敏）
世界の音
楽器の歴史と文化
「打楽器を持たない民族はいない」。人は石器時代から、動物の鳴き声や自然音を模倣し、手やモノを叩いて感情を伝えてきた。「楽器」発祥から約二万年。風土や時代とともに変遷を遂げた、様々な「音」の軌跡を辿る！
電P

日本人論・日本文化論

2392

「日本」国号の由来と歴史

神野志隆光著

「日出づる処の天子」の意味は？　「倭」「やまと」と「日本」の関係は？　平安時代から宣長を経て近代まで、「日本」の誕生とその変奏の歴史を厳密な史料読解で示す。新出資料「祢軍墓誌」についての補論も収録。

電P

2405

犬と鬼　知られざる日本の肖像

アレックス・カー著

日本は一九九〇年代、バブル崩壊を引き金に本質的に失敗した。経済、環境、人口、教育……。慢性的かつ長期的な問題を抱えるこの国の行き先は？　日本をこよなく愛するVISIT　JAPAN大使が警告する。

電P

2538

日本人の起源　人類誕生から縄文・弥生へ

中橋孝博著

日本列島の旧石器時代はいつからか？　縄文から弥生への移行の真相は？　明治以来の大論争を、古人類学の第一人者が最新人類学の到達点から一望検証。何がどこまでわかり、残される謎は何か、明快に解説する。

電P

2576

金魚と日本人

鈴木克美著

十六世紀初頭、中国からやってきた小さな黄金色の魚が、江戸時代に大ブームを巻き起こす！　日本初の金魚論文や図版などの稀少史料をもとに、なぜ日本人がこれほど金魚好きか考察。「金魚学」の決定版！

電P

2618

日本料理文化史　懐石を中心に

熊倉功夫著

「懐石」と「会席」は何が違うのか。利休の「一汁二菜」「一汁三菜」はなぜ正統となったのか。和の食、その精髄たる懐石料理の誕生から完成、後世への継承の歴史に日本文化のエッセンスを見出す論考。

電P

2644

日本人の原風景　風土と信心とたつきの道

神崎宣武著

山と森林の列島に棲む日本人。その恵みの何を利用し、何を畏れ、人生の節目にどう生かしてきたのか。近世から高度成長期を経て、見失われた日本人の暮らしと人生の豊穣の意味を探る。

電P

文学・芸術

2638
パリ歴史探偵
宮下志朗著

街中の不自然な段差、小さな抜け道。かすかな違和感に導かれ、一九世紀の文学作品を繙けば、当時の空気がみるみる立ち上る――。中世・ルネサンス研究の泰斗が貴方を誘う、摩訶不思議なパリ時間旅行！

2665
古典について
吉川幸次郎著（解説・小島　毅）

中国古典文学の碩学の目に、伊藤仁斎や本居宣長の著作はどう映ったのか。時に大陸を凌ぐことさえあった江戸の漢学が達した境地が浮かび上がる。この国の古き良き学問的伝統を味わう、極上の教養書！

2674
世界の神話入門
呉　茂一著

神話が我々を惹き付けるのは、人間世界の真実を我々の目前に投げ出し、人間の本質に迫るからだ。世界の神話の成り立ちや共通点を、西洋古典の碩学が易しく紹介。神話を味わい尽くす最良の入門書！

2715
小三治の落語
広瀬和生著

圧倒的な話芸で人気を博した、人間国宝・柳家小三治。その真の価値はどこにあるのか。九十席以上の演目分析や本人へのインタビューをもとに、「芸」の善し悪しや、日本が誇る「落語」の存在意義を明らかにする！

2719
グリム兄弟とアンデルセン
高橋健二著

「ヘンゼルとグレーテル」を伝えた勤勉学者のグリム兄弟と、「マッチ売りの少女」を生んだ奔放な旅人アンデルセン。メルヒエンの巨星たちの著作と生涯を突き合わせることで立ち上がる、童話の世界の深い味わい。

2723
物語論
藤井貞和著

精神分析、政治、神話、歴史、小説、うた……物語はこの社会のいたるところにある。「もの」とはなにか。「語り手」は誰なのか。物語理論の金字塔となる、伝説の東大講義18講！　人間はなぜ物語を必要とするのか？

自然科学

2580

西洋占星術史　科学と魔術のあいだ

中山　茂著（解説・鏡リュウジ）

「星占い」の起源には紀元前一〇世紀頃、現在のバグダッド南方に位置するバビロニアで生まれた技法がある。紆余曲折を経ながら占星術がたどってきた長大な道のりを描く、コンパクトにして壮大な歴史絵巻。

電 P

2586

脳とクオリア　なぜ脳に心が生まれるのか

茂木健一郎著

ニューロン発火がなぜ「心」になるのか？「私が私であることの不思議」、意識の謎に正面から挑んだ、茂木健一郎の核心！ 人工知能の開発が進み人工意識が現実的に議論される時代にこそ面白い一冊！

電 P

2600

形を読む　生物の形態をめぐって

養老孟司著

生物の「形」が含む「意味」とは何か？ 解剖学、生理学、哲学、美術……古今の人間の知見を豊富に使って繰り広げられる、スリリングな形態学総論！ 形を読むことは、人間の思考パターンを読むことである。

電 P

2605

暦と占い　秘められた数学的思考

永田　久著

古代ローマ、中国の八卦から現代のグレゴリオ暦まで古今東西の暦を読み解き、数の論理で暦と占いのつながりを明らかにする。伝承、神話、宗教に迷信や権力欲も取り込んだ知恵の結晶を概説する、蘊蓄満載の科学書。

電 P

2611

ガリレオの求職活動　ニュートンの家計簿　科学者たちの生活と仕事

佐藤満彦著

「お金がない、でも研究したい！」〝科学者〟という職業が成立する以前、研究者はいかに生計を立てたのか。パトロン探しに権利争い、師弟の確執――天才たちの波瀾万丈な生涯から辿る、異色の科学史！

P

2646

物理学の原理と法則　科学の基礎から「自然の論理」へ

池内　了著

世界の真理は、単純明快。テコの原理から$E=mc^2$、量子力学まで、中学校理科の知識で楽しく読めて、エッセンスが理解できる名手の見事な解説。エピソード満載でおくる「文系のための物理学入門」の決定版！

電 P